KB268934

반토막 펀드,
희망은 있다

반토막 펀드,
희망은 있다

반토막 펀드, 희망은 있다

초판 1쇄 인쇄 2009년 2월 9일   초판 1쇄 발행 2009년 2월 16일

지은이 김준술 **펴낸이** 신민식

출판 3분사장 노창현
편집장 최수진
편집 1팀 박혜진 김영혜 편집 2팀 강재인 편집 3팀 김남중 디자인 이세호

마케팅분사 권대관 곽철식 이귀애

제작 이재승 송현주

펴낸곳 (주)위즈덤하우스 **출판등록** 2000년 5월 23일 제13-1071호
주소 서울시 마포구 도화1동 22번지 창강빌딩 15층 **전화** (02)704-3861 **팩스** (02)704-3891
홈페이지 www.wisdomhouse.co.kr
출력 엔터 **종이** 화인페이퍼 **인쇄·제본** 현문

값 12,000원   ISBN 978-89-6086-163-3 03320

*잘못된 책은 바꿔드립니다.
*이 책의 전부 또는 일부 내용을 재사용하려면
 사전에 저작권자와 (주)위즈덤하우스의 동의를 받아야 합니다.

국립중앙도서관 출판시도서목록(CIP)

반토막 펀드, 희망은 있다 / 김준술 지음. --서울 : 위즈덤하우스, 2009
p.; cm
ISBN 978-89-6086-163-3 03320 : ₩12000
재테크[財--]
펀드 투재[--投資]
327.83-KDC4
332.6327-DDC21   CIP2009000359

반토막 펀드, 희망은 있다

FUND FUND

· 김준술 지음 ·

위즈덤하우스

투자자전상서

'탐욕과 공포'로 점철되었던 두 해가 지나갔다. 2007년과 2008년은 투자사史에서 유례를 찾기 드문 난세였다. 처음 1년은 주가가 천정부지로 치솟더니, 다음 1년은 지옥이 따로 없었다. 다행인지 불행인지 필자도 그 2년 동안 재테크 시장에 푹 파묻혀 영욕을 맛보았다. 지금까지 증권기자로, 경제기자로 10여 년을 보냈지만 이토록 드라마틱하고 절박한 시기는 없었다.

그래서 이 시간을 기록으로 남겨야겠다고 마음먹었다. 지난 2년간 무슨 일이 일어났는지, 왜 우리는 거품의 희생양이 돼야만 했는지, 이런 낭패를 두 번 다시 겪지 않으려면 재테크의 큰 틀을 어떻게 바꿔야 하는지에 대해서 말이다.

이 책은 기본적으로 필자가 2년간 〈중앙SUNDAY〉에 실었던 기사들을 뼈대로 삼았다. 애당초 2007년이 시작될 때부터 단기적인 시장의 움직임에 매몰되지 않고 '투자의 정석'을 그려보겠다는 다짐과 욕심으로 취재 아이템을 정하고 현장을 누볐다. 하루하루 쫓기듯 일을 하게 마련인 일간지 기자였다면 쉽지 않았을 일이다. 주간 신문의 장점을 십분 발휘해 소재와 시간의 제약 없이 심도 있는 취재를 하고 겉으로 드러난 현상 이면의 숨은 의미를 잡아내어, 지면을 마음껏 꾸밀 수 있었다.

책을 쓰면서 무엇보다 지엽말단적인 내용을 배제하려고 노력했다. 그렇고 그런 재테크 책에 실린 허술한 조언 때문에 많은 투자자들이 눈물 흘렸음을 잘 알고 있기 때문이다. 특히 이 책의 곳곳에는, 2007년 봄부터 서브프라임 모기지(비우량 주택담보대출)의 후폭풍을 나름대로 앞서 예측하고 투자자들에게 우산을 당부해왔던 〈중앙SUNDAY〉 경제팀과 필자의 자신감이 그대로 녹아 있다.

이런 성의를 좋게 봐주셨는지 그동안 수많은 독자들과 여의도 전문가들이 격려를 보내주셨고 이를 소중한 채찍 삼아 더욱 분발할 수 있었다. 물론 부족한 부분도 많이 느꼈고 시장 상황이 워낙 급박하게 돌아갔기 때문에 추가로 취재해야 할 내용도 있었다. 아쉬운 부분은 철저하게 보완했으며 사족도 발라냈다.

돌아보면 필자에게 지난 2년은 '반성의 시간'이었다. 시장이 얼마나 무서운지, 우리는 왜 투자를 하는지, 장기적으로 손해 보지 않는 투자란 어떤 것인지, 투자의 계절을 간파하는 일이 왜 중요한지…. 시장이 안겨준 무거운 교훈은 일일이 열거하기도 벅차다. 그 과정에서 나는 지금껏 얼마나 수박 겉핥기 식으로 가볍게 시장을 바라봤는지 절절히 뉘우쳤다.

이 점은 다른 투자자들도 마찬가지일 것이다. 지난 2년의 흥분과 고통과 좌절이 누군들 남의 애기 같으랴. 그러나 원망만 해서는 실패자 낙인을 면치 못한다.

위기라는 말에서 '기機'라는 글자는 기회의 첫 글자이기도 하다. 위기를 잘 다루면 기회로 탈바꿈한다. 지금이 딱 그런 시점이다. 어설픈 장기 투자나 바닥 매수론을 애기하는 것이 아니다. 이 참에 투자와 재무설계의 기본을 다시 살펴서 만신창이 가계부를 되살리고, 실패하지 않는 투자 디딤돌을 다지는 지혜를 쌓아야 한다는 소리다.

이 책에는 수많은 전문가들이 등장한다. 사실 지금처럼 위기의 시절이 닥치면 도처에서 생존법이 난무한다. 그러나 뼈대 자체를 바로잡지 않는 미봉책으로는 똑같은 실패가 반복될 뿐이다. 특히 어떤 한 사람의 주장과 견해를 믿고 따라가는 것은 너무 위험하다. 다양한 지혜를 모으고 모아서 통찰력을 키워야 한다.

일일이 인사드리지는 못했지만 나와 뜻을 함께한 분들께 다시 한 번 머리 숙여 감사드린다. 특히 남다른 안목과 샘솟는 아이디어로 시장의 변곡점마다 '옳은 길'로 이끌어준 〈중앙SUNDAY〉의 김광기 부장은 필자에게 누구보다 든든한 후원자였다. 책 곳곳의 내용에 도움을 준 동료 기자들에게도 감사드린다. 무엇보다 2년간 주말도 반납하고 일터로 향한 필자 탓에 변변한 가족 나들이 한번 못한 아내 혜라와 아들 진세에게 이 책으로 보답하고 싶다.

대한민국 모든 투자자가 행복해질 그날을 위하여!

2009년 2월

김준술

CONTENTS

| PART_03 | 3 전설의 고수들을 만나다

| PART_04 | 4 노테크 , 빠를수록 희망적이다

| PART_05 |

5 리스크가 없다면 희망도 없다

FUND FUND

part 01

모두를 주인공으로 한 세기의 거품 드라마

우리는 왜
반토막 펀드의
희생양이 되었는가

2005년 4월 초였다. 당시 나는 은행과 신용회복위원회 등을 출입하는 금융담당 기자였다. 그날 서울 명동에 있는 신용회복위원회 본관, 6층 접수창구는 이른 아침부터 몰려든 신용불량자들로 북적거렸다. 정부가 영세한 자영업자와 청년층을 포함한 이른바 '생계형 신용불량자'들을 구제해주겠다며 그들의 빚을 조정해주는 첫날이었다. 어두운 표정으로 신청서류를 옆구리에 꼭 끼고 대기석에 앉은 신불자들은 자영업자부터 아이를 업은 젊은 주부, 노인과 군입대를 앞둔 청년까지 남녀노소가 따로 없었다. 신청자들의 서류엔 대부분 'A카드사 연체금 0000만 원, B캐피탈사 대출금 0000만 원…' 하는 숫자로 빼곡히 채워져 있었다.

신청서를 꼼꼼히 읽어 내려가던 45세 이 씨를 붙잡고 말을 붙여 보았다. 성동구에서 이불공장을 한다던 그는 지난해 초부터 수금이 안 돼 빚더미에 올라앉았다고 했다. 그는 신용카드 대금 5,000만 원을 연체했고 결국 신불자가 되었다. 전세에서 월세로 옮기고 새마을금고 대출금 3,000만 원을 갚는 등 빚을 줄이려고 애썼지만 장사가 안 돼 결국 한계에 도달하고 말았다. 이 씨에게 결정타가 된 것은 신용카드사의 한도 축소였다. 한 카드사가 2003년까지 1,500만 원이던 한도를 0원으로 깎으면서 더 이상 버틸 수 없게 된 것이다.

이번에는 자리를 옮겨 강남에서 식당을 운영하는 60세 박 씨에게 다가갔다. 그도 카드빚 2,500만 원을 포함해 5,500만 원의 빚 때문에 신불자가 됐다고 고백했다. 처음엔 카드빚에 기대리라고 상상도 못했지만 "경기가 나빠지고 손님이 끊기니 어쩔 수 없더라"고 한숨을 토했다.

그 옆에 있던 20대 후반의 청년은 "어머니 병원비와 집안 생활비 등으로 카드를 사용하다 빚을 졌는데 갚아도 갚아도 줄지 않았다"며 고개를 숙였다.

필자가 당시 취재를 하면서 놀랐던 것은 그들이 모두 평범한 행색의 우리 이웃들이었다는 사실이다. '나도 예외가 아닐 수 있겠구나.' 하는 공포감 때문에 소름이 끼칠 정도였다.

그리고 2008년 11월 초. 나는 신용회복위원회의 영등포구 당산동 교육관을 찾아가봤다. 오전 9시 30분 교육 시간이 되자 수천 만 원대의 은행 빚이며 신용카드 빚을 갚지 못해 위원회에 채무조정

신청을 했던 이들이 하나둘씩 모여들었다. '희망의 막이 오르다'
라는 제목으로 강의가 시작되자 여기저기서 분주히 필기할 준비를
했다. 50여 명의 교육생 가운데 가장 많은 비율을 차지한 것은
40~50대 남성들이었다. 더러는 아이를 데리고 온 주부부터 20대
젊은이도 눈에 띄었다. 3년 전 풍경과 크게 다르지 않았다.

교육관의 윤여욱 팀장을 만나 요즘 교육생들이 늘었느냐고 물으
니 "수억 원을 넘는 대규모 빚을 진 사람은 개인회생이나 파산 쪽으
로 가고, 이곳은 서민층이 많다"고 답했다. 덧붙여 "금융위기와 불
황으로 신용에 타격을 받은 사람들이 얼마나 되는지 아직 뚜렷이
감지되지는 않지만, 경험상 5~6개월 뒤엔 이곳을 찾는 사람들도
늘어날 것으로 본다"고 말했다. 통계를 들여다봤더니 심상치 않았
다. 2008년, 빚에 허덕이다 신용지원을 신청한 사람들은 3분기까
지 5만 8,000여 명으로 이미 전년도의 전체 수치인 6만 3,000여 명
에 바짝 다가서 있었다.

미국의 서브프라임 부실로 시작된 금융위기가 실물로 전이되면
빚더미에 깔려 신음하는 사람들이 늘 수밖에 없다. 그것이 내가 3년
전의 신불자 사태를 떠올리는 이유다. 위기감이 한 꺼풀씩 현실로
드러나는 느낌이다. 한국은행은 2008년 11월에 "가계의 빚 갚을
능력이 떨어졌다"는 섬뜩한 보고서를 내놓았다. 빚이 소득이나 금
융자산보다 빠르게 늘었기 때문이라는 설명이 이어졌다. 빚의 최
대 애물단지인 주택담보대출만 해도 원리금상환부담률(원리금 상환
액이 소득에서 차지하는 비중)이 2005년 말에는 15퍼센트였던 것에 비
해 2008년 6월에는 20퍼센트로 뛰었다.

빚더미에 아랑곳 않고 열심히 투자를 하고 씀씀이도 펑펑 키웠던 '레버리지(차입투자)의 잔치판'은 모두 사라졌다. 그 대신 이제 가계자산의 '디레버리지(차입축소)' 시대가 도래했다. 부자건 중산층이건 서민이건 누구도 예외일 수 없다. 빚의 역습 앞에서는 모두가 바짝 엎드려 대출을 털어내고 허리띠를 졸라매야 살아남을 수 있다.

혹시 지나치게 호들갑을 떠는 것은 아닐까. 가계 빚이 파국적인 금융위기로 전이될 가능성은 낮다고 보는 전문가들도 많다. 예컨대 상위 40퍼센트 안에 속하는 고소득층이 전체 빚의 60퍼센트 이상을 떠안고 있어, 충분히 갚을 능력이 된다는 것이다.

그러나 낙관은 섣부르다. 여유 자금이 없는 서민들은 불안할 수밖에 없다. 일자리가 끊기면 곧바로 빚더미에 눌리고, 손님이 줄면 카드빚에 손대야 한다. 이렇게 취약 계층에서 시작된 빚 문제가 사그라지지 않으면 불황의 그늘이 짙어지고 결국 중산층이며 고소득층도 연쇄 타격을 받을 가능성을 배제할 수 없다.

미래에셋 신드롬, 신기루로 끝나다

2007년 11월 2일. 시계침은 오전 11시 20분을 가리키고 있었다. 서울 압구정동에 있는 미래에셋증권 지점 안은 화끈한 열기로 가득했다. 주부 수십 명과 넥타이 차림의 직장인, 머리가 희끗희끗한 노인들도 여러 명 손에 번호표를 꼭 쥐고 차례를 기다리고 있었다. 모두 펀드에 가입하려고 찾아온 사람들이었다. 최소 30분 이상을 기다리는 불편을 감수해야 했지만 누구 하나 군소리하는 이는 없었다. 사람들의 표정은 무척이나 밝아 보였다. 백만장자의 꿈을 품고 '골드 러시' 열차에 동참한 옛 사람들도 이런 심정이었을까. 지점장을 만나 얘기를 들어보니 "추석 이후 하루에 300명 가량의 고객이 다녀간다"고 했다.

돌이켜보면 그럴만도 했다. 몇 년간 500~1000포인트 사이에 갇혀 지루하게 옆걸음질치던 코스피지수는 2007년 10월 31일 2064포인트라는 신기원에 도달했다. 봄부터 쑥쑥 오르기 시작한 주가는 불과 8개월 만에 30퍼센트 넘게 폭등했고, 주가는 일주일마다 새로운 고지를 갈아치우며 '신기록 제조기'라는 별명을 얻었다. 이웃한 중국은 한술 더 떴다. 상하이 증시는 10월 중순에 6000포인트를 돌파하면서 투자자들의 마음을 설레게 했다. 연초만 해도 2700포인트였던 상하이 증시는 열 달 사이에 122퍼센트 뛰어오르는 기염을 토했다.

이쯤 되니 국내 펀드건 해외 펀드건 서둘러 가입하지 않으면 바보 소리를 듣는 판국이 됐다. 이미 펀드 하나쯤 가지고 있던 투자자들도 예금통장이나 장롱에 묵혀둔 돈을 톡톡 털어서 펀드 수를 불려나갔다. 특히 펀드 운용을 잘해서 수익률이 쏠쏠하다고 소문난 미래에셋이 내놓은 펀드는 날개 돋친듯 팔려나갔다. 이날 미래에셋 압구정동 지점에서 강남에 사는 68세의 김 씨는 미래에셋의 펀드 여덟 개에 가입했다. 그는 "옆에 있는 저축은행에서 수천만 원씩 예금을 찾아 1억 원을 모아왔다"고 말했다. 김 씨는 입에 침이 마르도록 말을 이어갔다. "지금 강남의 식당에 가서 점심 한번 먹어 봐요, 젊은이. 절반은 펀드 얘기고, 그중 절반은 미래에셋 얘기라우."

이것은 비단 미래에셋 지점에서만 목격되는 기현상이 아니었다. 펀드 판매의 주력부대인 은행 창구에서도 '미래에셋 쏠림 현상'이 유행처럼 번졌다. 당시 SC제일은행 압구정역 지점을 찾아가 모 차장을 만났다. "펀드에 가입하는 손님 중에서 70퍼센트 넘는 수가 미래에셋 상품을 찾습니다. 마치 가전제품 고르듯 '미래에셋 있어요?'라고 물어와요."

강남뿐만이 아니었다. 같은 날 오후 2시 미래에셋 왕십리 지점. 문을 연 지 두 달밖에 안 되는 20평 남짓한 이곳 새내기 점포 역시 투자자들로 북적였다. 지점장은 "상담원 네 명이 모두 휴대전화 받을 틈도 없다"며 진땀을 빼고 있었다. 상계동에 사는 30대 중반의 회사원 손 씨를 만나 얘기를 해봤다. "일단 아파트 중도금 낼 돈을 빼 가지고 왔어요. 증권사 영업사원도 위험하다고 말렸지만 글쎄요, 펀드에 몇 개월 묻어두면 꽤 쏠쏠하게 불어나지 않겠어요?"라고 되물었다.

지방이라고 강 건너 불구경 하듯 쳐다만 보고 있지는 않았다. 이 날 경기도 양평의 한 농협 직원은 "옛날에 소 팔고 논 팔아서 주식 투자 하던 분위기와는 다르지만 지방에서도 펀드 열풍이 한창이고 특히 미래에셋은 '마이더스의 손'으로 인식된다"고 분위기를 전했다. 이즈음 미래에셋은 그동안 갈고 닦은 박현주 회장의 투자 통찰력을 담았다며 '인사이트 펀드'라는 야심작을 내놓았다. 인사이트 펀드는 10월 말 출시 하루 만에 1조 6,000억 원어치가 팔려나가는 대박을 기록했다.

오죽하면 투자자 사이에서는 '미래에셋 따라하기'라는 열풍마저 불었다. 미래에셋 펀드가 어떤 종목에 투자했는지 공개되는 즉시 개인투자자들이 벌떼같이 달려들었다.

그리고 2008년 10월 말. 희망은 피눈물로 변했다. 인사이트 펀

미래에셋 펀드로 들어온 자금의 흐름

시기	주식형 펀드 수탁액(누적)
2006년 초	6조 5,000억 원
6월 말	13조 400억 원
12월 말	14조 9,500억 원
2007년 6월 말	19조 800억 원
12월 말	38조 7,400억 원
2008년 6월 말	49조 7,900억 원
12월 말	49조 2,100억 원

(자료: 미래에셋, 자산운용협회)

드를 상대로 소송을 내겠다는 인터넷 카페까지 생겨났다. 소송에 참가하려는 사람들은 "각국 시장의 돈 되는 상품에 탄력적으로 투자한다고 해놓고, 결과적으로 중국에 돈을 몰빵해 큰 손실을 입혔다"고 주장했다. 특히 금융감독원이 우리은행에서 판매한 파생상품에 대해 '고객에게 위험성을 제대로 알리지 않았다'는 이유로 손실액의 50퍼센트를 물어주라고 판결한 뒤 펀드 소송은 들불처럼 번졌다.

불과 1년 만이었다. 그동안 대체 무슨 일이 벌어진 것일까. 미래에셋 신드롬, 주가 신기록 행진의 축포는 온데간데없이 자취를 감추었다. 세계 시장의 나침반과 같은 미국 주식시장이 응급실로 실려 갔으니 어쩔 도리가 없는 일이었다.

미국에서는 그동안 시장에 잔뜩 풀린 돈으로 너나 할 것 없이 집을 샀다. 사람들이 주택을 담보로 잡히고서 돈을 빌려 쓰는 바람에 소비도 늘어났다. 하지만 대출금을 못 갚는 사람들이 늘면서 집은 시장의 애물단지로 전락하고 말았다. 집값이 동시다발적으로 떨어졌고 주택담보대출에서 새끼를 치고 만들어진 파생금융상품도 동반 부실에 휩싸였다. 이것이 바로 지금의 펀드 반토막 현상을 부른 원인이며, 불황의 씨앗을 낳은 서브프라임 모기지 위기의 골자다.

서브프라임 사태는 2007년 봄부터 징조를 드러내기 시작했고, 같은 해 여름에 1차 경고등이 켜졌지만 이미 낙관론에 도취된 군중들에게는 어떤 말도 통하지 않았다. 뒤늦게 '잔치가 끝났다'는 것을 자각한 투자자들은 정신을 퍼뜩 차렸고 급기야 주식을 내던졌다. 도미노처럼 주가 폭락이 시작됐다. 이에 따라 코스피지수도 폭락을 거듭하면서 2008년 10월 말에는 심리적 마지노선으로 여겨진 1000포인트가 무너졌다.

그 무렵 중국 상하이 증시도 2000포인트 아래로 밀려났다. 미래에셋의 인사이트 펀드를 포함해 다른 자산운용사들이 절찬리에 판매했던 국내외 펀드의 수익률은 줄줄이 반토막이 났다. 다행히 2008년 연말로 가면서 금융위기 수습에 대한 기대감으로 수익률이 조금씩 회복될 조짐을 보였지만, 닥쳐올 불황의 파고를 생각할 때 투자자들의 고통과 불안은 쉽게 가시지 않을 듯하다.

반토막 펀드와 함께 투자자들의 대박 꿈도 산산조각이 났다. 딸의 혼수 자금을 펀드에 넣은 한 투자자는 "그야말로 혼수상태에 빠졌다"고 가슴을 쳤다. 아파트 중도금으로 투자를 한 투자자는 새로 대출을 받기 위해 전전긍긍하고 있다. 전세금을 펀드에 넣어두었던 집주인은 세입자에게 돌려줄 돈을 마련하느라 발을 동동 굴렀다. 자녀 학자금을 과감하게 펀드에 투자했던 부모들은 어디

가서 하소연도 못하고 망연자실한 채 입을 다물 뿐이다. 원금의 절반을 까먹은 펀드를 환매할 수도 없어 '마지못해 장기 투자자가 될 판'이라는 서글픈 자조마저 나오고 있다.

지난 1년의 자화상은 우리에게 과연 무엇을 남겼을까. 그 반성의 시간이 미래에셋이라는 특정 회사를 겨냥한 마녀사냥으로 끝나서는 안 된다. 그보다는 미래에셋 신드롬이 상징하는 거품의 상처를 되짚는 작업을 해야 한다.

필자가 보기에 반토막 펀드를 초래한 주연배우는 여럿이다. 펀드를 팔려고 혈안이 되어서 제대로 된 투자정보를 알려주지 않은 은행과 증권사, 비슷비슷한 펀드를 유행처럼 붕어빵 찍어내듯 개발한 자산운용사, 대박 유혹에 휩쓸려 투자성향이며 투자목표를 따져보지도 않고 불나방처럼 달려든 군중, 거름종이 없이 펀드 수익률이며 주식 시황을 일기예보처럼 전한 미디어들까지 모두가 공범인 셈이다. 물론 '나는 제대로 투자했다.' '우리는 좋은 펀드 상품을 개발했다.' '펀드를 팔 때 창구에서 정보를 꼼꼼히 일러줬다'고 항변할 사람도 많을 것이다.

하지만 거품이 부풀어 오를 때, 그리고 허망하게 무너져 내릴 때 수많은 징후가 나타났지만 이를 정확하게 내다보았던 선각자는 드물었다. 세기에 한 번 있을까 말까한 거대한 거품의 잔치판에서 자유로웠던 사람은 많지 않다는 뜻이다.

그렇다고 신세한탄만 하고 있을 때는 아니다. 무엇을 잘못 짚었는지, 무엇을 소홀히 여겼는지, 왜 앞뒤 안 가리고 달려들었는지, 하나하나 반성하는 과정에서 새로운 희망의 끈을 찾을 수 있기 때문이다. 이번 사태를 새로운 지혜를 쌓는 계기로 삼지 않으면 머지 않아 같은 실수를 반복하게 될 것이다. 이보다 더 어리석은 일도 없다. 거창하게 생각하지 말자. 그냥 '투자라는 것이 장난이 아니 다' 라는 한 가지만 깨달아도 이미 새로운 돌다리를 놓을 수 있는 첫 삽을 훌륭하게 뜬 것이다.

핵폭탄을 수류탄으로 오판한 까닭

필자가 지난 2년간 몸담았던 〈중앙SUNDAY〉는 언제부터인가 전문가와 열혈 독자들 사이에서 입소문이 나기 시작했다. 그 공신 중 하나가 바로 서브프라임 보도였다. 시장 분석에 특출한 선배 기자 한 명은 2007년 봄에 홍콩상하이은행HSBC이 서브프라임 때문에 큰 손실을 입었다는 소식이 전해지자 "올 것이 왔다"고 두려워하며 부산하게 움직였다.

처음엔 "웬 호들갑이냐"며 반신반의했던 나도 금융시장의 역사와 생리, 작동 메커니즘을 훤히 꿰고 있는 그의 말을 무시할 수 없었다. 이후 서브프라임의 파장과 전염 경로를 분석한 그의 기사는 거의 현실로 나타났다. 2008년 가을 초입에 "코스피가 곧 1000포인트 아래로 떨어질 것"이라고 했던 그의 말도 그대로 들어맞았다. 얼마 전 인터넷에서 '미네르바'라는 필명의 경제논객이 미국 투자은행인 리먼브라더스의 파산을 예고했다고 알려져 화제가 됐는데 따지고 보면 〈중앙SUNDAY〉도 일찌감치 파멸의 전주곡을 울린 셈이다.

사실 시장에는 몇 년씩 고수로 이름을 날리고 있는 베테랑들이 많다. 여의도의 증권맨도 그렇고 과천의 엘리트 관료, 날고 긴다는 개인 투자 고수들도 그렇다. 누구보다 많은 정보량과 경험을 갖춘 그들이지만, 이번 위기로 내공이 아직은 한참 모자란다는 씁쓸한 사실만 확인했을 뿐이다. 모두들 '한방 맞았다'며 말을 아끼는 분위기다.

옛 현인들은 일엽지추—葉知秋의 지혜를 곧잘 얘기했다. 낙엽 하나를 보고 가을이 오는 것을 알아차린다는 말이다. 앞에서 잠깐 언급한 것처럼 위기의 전조는 곳곳에서 살짝살짝 고개를 들었지만 이를 간파한 이들은 거의 없었다. 대체 무엇 때문에 모두가 깜빡 속아 넘어갔을까. 답답한 마음에 시장의 리더로 통하는 전문가들을 다그쳐보았다. 먼저 무엇을 잘못했는지 알아야 똑같은 실수를 되풀이하지 않고, 재기의 전열을 가다듬을 수 있기 때문이다.

서브프라임을 얕본 여의도의 고수들

리서치센터장은 증권사의 꽃이다. 시장의 눈과 귀가 그를 주목한다. 지금까지 많은 개인투자자들은 리서치센터장과 애널리스트, 그리고 펀드매니저의 시장관을 믿고 투자를 해왔다. 너도나도 증시로 달려가던 2007년도 마찬가지였다. 그러나 결과적으로 전문가들은 물론 투자자들도 오판의 대가를 톡톡히 치러야 했다. 대체 어디서부터 무엇이 잘못됐을까. 모두들 속수무책으로 손 놓고 당했던 근본 원인부터 찾아보자.

이종우 HMC투자증권 리서치센터장은 필자가 평소 자주 의지하는 고수 중 하나다. 그가 미래에셋에 있던 시절부터 만났으니 어언 7년째다. 이 사람은 특히 서브프라임 위기가 부른 약세장을 미리 짚어낸 실력을 높이 평가받았다. 물론 그의 시각이 평소 비관론 쪽에 무게를 두긴 하지만 아무튼 모두가 '고Go'를 외칠 때 그는 합리적인 근거를 조목조목 제시하며 맹목적인 투자에 경종을 울리고자 했다.

하지만 그런 그도 서브프라임의 전말을 제대로 짚지는 못했다. "사실 서브프라임 모기지가 어떤 구조로 이루어져 있는지, 앞으로 어떤 파장을 몰고 올지 몰랐다. 아니 생각해보지도 않았다"고 그는 말했다. 쉽게 하기 힘든 고백이었다. 한편으로는 '그나마 여의도에서 인정받는 이 센터장이 그 정도였으니 다른 전문가들은 오죽했을까.' 하는 생각이 절로 들었다. 이종우 센터장은 이렇게 설명했다. "서브프라임 문제가 본격적으로 불거진 뒤로는 미국이 나름의 대응력으로 잘 맞설 것이라고 단순히 치부하고 말았어요. 미국이라는 나라가 완벽한 시스템을 보유했을 것이라는 통념에 안주해서 폭락장을 제대로 짚지 못한 거죠."

가장 궁금한 것은 미래에셋의 입장이었다. 미래에셋은 펀드 수익률이 곤두박질치고 투자자들의 불만이 커지자 '장기투자만이 답이다. 위기 뒤에는 기회가 온다'는 취지의 광고로 고객 달래기에 나섰다. 투자자들은 박현주 회장이 신문이건 광고건 전면에 등장해 무슨 말인가 해주기를 원했지만 박 회장은 별 말이 없었다. 필자가 속했던 〈중앙SUNDAY〉 경제팀도 박 회장이 제시하는 처방전을 듣고자 인터뷰를 요청했지만 번번이 거절을 당했다. 물론 박 회장도 고통스럽겠지만 신뢰 회복을 위해서라도 한마디해야 하는 상황이었다. 사실 미래에셋은 증시가 상투일 때 물불 안 가리고 달려드는 일반 군중 사이에 끼어들어 인사이트 펀드를 내놓고 중국 주식을 잔뜩 사들였으니 입이 두 개라도 할 말이 없다. 특히 인사이트 펀드는 수수료를 연 3.5퍼센트로 다른 펀드(2.5퍼센트 수준)보다 비싸게 책정해 거품을 부추겼다는 비난을 면하기 어렵다. 판매사인 은행들이 수수료 수입을 위해 인사이트 판촉에 매달릴 수밖에 없었다는 소리다.

아무튼 필자는 미래에셋과 접촉을 여러 번 시도한 끝에 서면 인터뷰 형식으로나마 그룹 내 2인자인 최현만 부회장의 목소리를 들을 수 있다. 최 부회장은 "서브프라임의 부실이 심각하다는 점은 인지했지만 손실 규모가 생각보다 컸다"고 토로했다. "특히 손실도 손실이지만, 미국 금융 시스템에 대한 신뢰가 약해질 수 있다는 점을 간과했다"는 것이었다. 사실 이번 위기는 예측불허의 상황이 터진 것으로 봐야 하지만, 한국 최고의 자산운용사라면 좀 더 보수적으로 시장을 점검했어야 하지 않았나 하는 아쉬움을 감출 수 없다.

미래에셋은 희망의 끈을 놓지 않고 있었다. 최 부회장은 "각국의 공조를 감안할 때 시장이 극단적인 상황으로 갈 가능성은 낮다"는 소신을 펼쳤다. 이 말이 맞을지는 시간을 두고 좀 더 지켜봐야 할 것 같다. 다행히 2008년 가을로 접어들면서 각 나라의 중앙은행이 금리를 내리고 정부가 일제히 경기부양에 나서는가 하면, 보기 드문 G20(주요 20개국) 회담이 열려 금융위기 수습책을 논하는 등 해법 찾기에 분주한 모습을 보였다.

최 부회장은 이렇게 강조했다. "당장 손실을 견디는 것은 투자자들에게 고통스러운 일일 것입니다. 하지만 지금이 장기투자 신념을 버릴 때는 아닙니다. 한국의 펀드투자 역사가 이제 3~4년인데, 통상 한 번의 경기 사이클을 겪는 것과 다를 바 없어요. 참고 견디면 큰 보답이 있을 겁니다."

그런데 위의 인터뷰 내용이 '시장 리더들의 반성문'이라는 제목으로 최 부회장의 사진과 함께 지면에 소개되자 미래에셋에서는 한바탕 소동이 일었다. 필자는 미래에셋 경영진과 투자자 간의 솔직한 교감이 필요하다고 보았는데 미래에셋 입장에서는 내심 당황한 듯했다.

가치투자로 이름난 한국밸류자산운용의 이채원 부사장에게도 화두를 던져보았다. 그 역시 과소평가의 실수를 저질렀다고 말했다. "지난 몇 년간 계속된 증시 활황은 '넘치는 돈'이 지탱한 것이었습니다. 펀더멘털(기초 경제 여건)이 아닌 돈의 힘으로 떠받친 주가였으니 붕괴 속도가 빠를 수밖에 없었지요. 그런데도 미국 금융회사들이 서브프라임 부실에 얼마나 노출됐는지 제대로 간파하지 못했어요."

이 말을 들었을 때는 필자의 얼굴도 화끈거렸다. 〈중앙SUNDAY〉
가 서브프라임의 심각성을 일찌감치 경고한 것은 사실이지만, 정
작 재테크 기사에서는 군데군데 어리석음을 범했다. 예컨대 2008년
1월의 조정기를 단기적인 바닥으로 본 것이 그렇다. 리먼브라더스
같은 투자은행은 절대로 망하지 않을 거라 판단했고, 주가가 급락
한 금융주를 싼 가격에 살 기회라고 헛짚기도 했다.

섣부른 희망을 말하기는 힘든 때

주가 전망은 100퍼센트 맞추기 힘들다. '역설의 원리'가 작동하기
때문이다. 누군가가 정확한 예측을 했다고 해보자. 사람들이 그의
말을 믿고 행동으로 옮기면 어떻게 될까. 오히려 반대의 결과가 초
래될 수 있다. 예를 들어 주가가 한창 오르고 있을 때 어느 뛰어난
예언가가 갑자기 '주식을 팔라'고 한다면, 순식간에 매도 물결이
일어 실제로는 주가가 떨어지게 될 것이다. 완벽한 전망을 내놓기
가 그만큼 어렵다는 사실을 빗댄 얘기지만, 그 이면에는 주가 전망
에 대해 면죄부를 얻으려는 전문가들의 심리도 깔려 있다. 물론 땅
에서 목표물을 정밀 조준하는 일은 어렵다.

사실 2007년에는 상승장이 워낙 전광석화처럼 전개되는 통에
균형감 있게 판단을 하기가 쉽지 않았다. 이번 위기로 놀란 가슴을
쓸어내린 투자자들은 반성과 더불어 앞으로는 시장의 큰 그림을

주시하겠다고 다짐해야 할 것이다.

하지만 마음을 바꾸는 것이 그렇게 쉬운 일은 아니다. 투자심리란 것은 원래 긍정적인 쪽으로 추가 기울게 마련이다. 필자는 2008년 말, 증권사들이 내놓은 '2009년도 주가 전망'을 보고 그런 생각이 들었다. 많은 증권사들은 기업도산과 소비위축 등의 영향으로 코스피지수가 최악의 경우 700포인트까지 떨어질 수 있다고 봤다.

하지만 보고서의 뒷장으로 갈수록 2009년 하반기 이후의 반등장세를 조심스럽게 점치는 곳이 적지 않았다. 각국이 마련한 경기부양책이 효과를 발휘하고 중앙은행들이 풀어놓은 돈 줄기에 힘입어 금융위기 파장이 수그러들면 주가가 다시금 오를 발판이 마련될 것이라는 분석이었다. 희망을 품는 것이 나쁘다는 얘기가 아니다. 그러나 외국에서는 이번 위기가 2~3년 이상 이어질 것이라는 경고가 자주 들린다. '구조조정 도사'라는 이헌재 전 경제부총리도 이번 사태의 파장이 2년 넘게 갈 것이라고 말했다. 사실 투자자들은 고민될 것이다. '진짜 바닥이면 어떻게 하지? 손실을 만회할 절호의 기회인데.' 하다가도 '그러다 주가가 다시 주저앉으면 그야말로 끝장인데….' 하며 머릿속 한쪽에서 경고등이 반짝일법하다. 분명한 것은 돌아가는 판세를 볼 때 지금 신중해서 손해 볼 것은 없다는 점이다.

월가에서 쓰는 말 중에 '죽은 고양이 반등Dead cat bounce'이라는 것이 있다. 죽은 고양이도 높은 곳에서 떨어뜨리면 반동의 힘으로 잠깐 되튀어 오른다는 것이다. 불꽃처럼 타오르던 주가가 갑자기 급락하면 기술적으로 반등세가 잠시 나타날 수 있지만 결코 오래갈

수 없다는 소리다. 2008년을 넘기고 세계적으로 금융위기가 수습의 가닥을 잡아간다면 시장은 잠시 반등할 것으로 보인다. 하지만 아래에서 살펴볼 내용처럼 만만치 않은 제2차 충격파가 기다리고 있다. 잠깐의 주가회복으로 호들갑을 떨기에는 이번 사태의 내상이 너무 깊다.

미국판 미네르바의 '100년 베어마켓' 경고

가뜩이나 투자심리가 뒤숭숭한데 '100년간 약세장이 온다'고 부르짖는 사람이 있다. 지금까지와는 다른 세상이 온다는 종말론적 예언은 투자자들에게 거의 악담처럼 들릴 만하다.

이런 전망을 내놓은 사람은 미국의 로버트 프렉터라는 투자전문가다. 그는 주가차트를 통해 시장을 분석한다. 하지만 기술적 분석가라고 폄하하기에는 그동안 보여준 내공이 놀랍다. 한국의 인터넷 논객 미네르바와 닮은꼴이라 할 수 있다.

프렉터는 1978년 각종 거시지표와 증시 변수를 점검하고서 "80년대에 불꽃 장세가 시작된다"는 예측을 내놓았다. 당시엔 모두 그를 비웃었다. 하지만 시장은 4년 뒤 정확하게 그의 말을 따라갔다. 이후 프렉터는 투자자들로부터 '구루(스승)'라는 호칭을 얻었다. 1995년엔 "불마켓(강세장)이 머잖아 끝난다"고 예견했다. 그의 말은 닷컴주의 거품 붕괴로 실현됐다.

그런데 최근 미국의 투자 사이트에 프렉터의 이름이 다시 오르내리기 시작했다. 이미 수년 전에 '사상 초유의 거품이 무너지고 디플레이션이 찾아오면서 100년 약세장이 시작된다'는 무서운 예고장을 던졌기 때문이다. 그동안 낙관론에 파묻혔던 그의 예고가 다시 부활한 건 요즘 시장 돌아가는 판세가 워낙 긴박하기 때문이다. 요즘 시장에서는 '빚을 줄이고deleverage, 파산default을 방지하며, 자산가격 하락deflation에 대처하라'는 3D가 최고의 계명으로 떠오르고 있다.

물론 차티스트들의 예측이 항상 맞는 것은 아니기에 프렉터가 혹세무민하는 것이라고 볼 수도 있다. 필자는 미네르바의 글 460여 쪽을 조목조목 분석한 뒤 기사로 쓴 적이 있었는데 알려진 것과 달리 그의 주가 예측도 때때로 틀리거나 앞뒤가 안 맞았다. 미네르바는 "2008년 말까지 코스피가 500으로 떨어진다"고 경고하면서 투자자들에게 공포를 불러일으켰다. 로버트 프렉터도 매번 백 점을 맞지는 못할 것이다. 다만 당분간 앞뒤가 깜깜한 시장을 볼 때 그가 던지는 행동 강령만은 백 번 참고해도 좋을 것이다.

예컨대 안전한 은행을 찾아 나서고 현금 보유를 최상으로 생각하며, 부동산과 주식을 멀리하고 빚부터 갚으라는 프렉터의 조언이 그렇다. 마음만은 '100년 약세장이 온다'는 각오로 욕심 부리지 말고 시장을 대해야 한다.★

낙관론이라는 마취제에 취하다

심리학에 '확증 편향'이라는 말이 있다. 자신한테 유리한 정보만을 골라서 머릿속에 넣고 이를 진실이라고 믿는 것이다. 거품이 한창 절정에 달하던 시절, 시장에서도 이와 비슷한 현상이 유행했다. 그 중 하나가 바로 '디커플링(Decoupling, 한 국가의 경기가 다른 국가나 세계의 추세와 같은 흐름을 보이지 않고 탈동조화되는 현상)'이었다. 미국 경제가 배탈이 나도 중국과 인도가 대타 노릇을 할 테니 괜찮고, 마침 한국 수출의 무게중심도 미국에서 중국 같은 신흥시장으로 옮겨가고 있다는 논리였다. 기관차처럼 쾌속질주해온 중국경제를 보면 이런 분석에 모두들 고개를 끄덕였다.

하지만 조금만 꼼꼼히 따져보았어도 충분히 경계심을 가질 수 있었을 것이다. 이종우 리서치센터장의 말을 들어보자. "중국의 소비 수준은 미국의 20퍼센트밖에 안 됩니다. 그런데 어떻게 미국의 소비를 중국이 대체할 수 있겠습니까?" 결국 이번 위기를 맞아 중국주가가 폭락한 것도 이런 디커플링 환상이 깨지면서 나타난 당연한 결과라는 얘기다. 상하이 사무소에 나가 있는 한화증권의 최영진 소장도 이를 인정했다. "중국경제의 체력이 믿을 만하다고 너무 낙관했어요. 때문에 더 냉정하게 시장을 바라볼 수 없었던 것 같습니다. 조정은 예상했지만 이 정도일 줄은 몰랐죠." 결국 한 번 더 의심을 품고 문제를 제기하고 망설였더라면 지금의 손실을 조금이라도 줄일 수 있었을 거라는 소리다.

'한국의 펀더멘털은 튼튼하다'는 낙관론도 비슷한 맥락에서 비판할 수 있다. '우리는 달라'라는 구호가 빗발치면서 한국 증시가 구조적으로 성장할 것이라는 믿음이 지나쳤다. 그러니 글로벌 위험 바이러스를 한국의 주가와 연계해서 보려는 노력은 약할 수밖에 없었다. 실제로 2008년 초부터 주가는 조정을 받기 시작했고 갈수록 심상치 않은 기운이 감돌았다. 그러나 증권가 애널리스트 사이에서는 "3~4분기로 가면서 정보기술IT 업종 중심으로 실적이 좋아지고, 주가가 다시 오를 것"이라는 핑크빛 전망이 줄을 이었다. 밝은 쪽만 보려는 투자자들에게는 이처럼 강력한 마취제가 없었다.

필자가 현장의 목소리를 듣기 위해 평소 자주 문을 두드리는 우리투자증권의 김종석 용산지점 부장(딸기아빠로 더 유명하다)도 비슷한 의견을 밝혔다. "서브프라임 타격으로 주가가 저점을 갈아치울 때마다 전문가들은 '이제야말로 진짜 바닥이 왔다'는 어설픈 희망을 심어줬습니다. 특히 한국의 경제 여건이 튼튼하다고 자만하다가 미국발 태풍을 제대로 보지 못했어요. 저도 재무 조언자로서 무거운 책임을 느낍니다."

당시 사람들은 외환보유액과 수출호조의 화려한 숫자에 홀려서 환율 위기가 올 수 있다고는 꿈도 꾸지 않았다. 그러나 외국인투자자들의 멈추지 않는 주식매도, 수출 기업들의 선물환 매도, 해외펀드의 환헤지 수요만 잘 묶어서 생각했어도 환율이 오를 것이라는 예상은 쉽게 할 수 있는 것이었다.

엇박자를 낸 것은 언론도 마찬가지였다. '위기는 없다'는 어조의 기사로 정부와 입을 맞추면서 투자자들이 기민한 대응책을 마련하는 데 걸림돌이 되었다.

'한철 장사'에 나선 금융회사

유행에 맞춰 펀드를 판매하는 금융회사들의 '묻지마 판매'도 빼놓을 수 없는 대목이다. 예를 들어 원자재 펀드를 보자. 철강이며 농산물 같은 원자재 값은 4~5년간 호시절을 보냈다. 시장에 풀린 돈이 갈 곳을 찾다가 원자재를 향해 깜빡이를 켰고, 경제 호황의 힘은 원자재를 블랙홀처럼 빨아 들였다. 그러나 가격이 너무 올랐다. 이미 시장에서는 2008년 초부터 '올해 중반 이후에는 슬슬 내림세로 돌아서지 않겠느냐'는 얘기가 퍼지기 시작했다. 금융위기 파장이 본격화되기 전부터 원자재 투자를 줄이라는 경고가 돌았던 셈이다. 그러나 연초 들어 판매사들의 화두는 '러브 펀드'였다. 러시아와 브라질 펀드를 사랑하라는 광고가 잇따랐다.

한쪽에서는 애널리스트들이 원자재 가격이 떨어진다고 소리치고, 다른 한쪽에서는 판매사들이 원자재 펀드에 가입하라고 외치니 이런 모순도 없다. 그러나 수많은 투자자들은 역시 낙관적인 쪽을 바라보았다.

펀드 회사들이 금쪽같이 외치는 '장기투자'도 생각해볼 이야기다. 얼마 전 마이다스에셋 자산운용의 조재민 사장을 만났더니 의미심장한 얘기를 꺼냈다. "운용사들은 '트랙 레코드(투자의 장기 수익률)'를 자랑합니다. 대개 지난 3~5년간 수익률이 좋았다고 말하지요. 그런데 한번 보세요. 투자자들의 돈은 주가가 상투였던 2007년에 몰렸어요. 그동안 실제로 돈을 번 사람은 많지 않다는 얘기지요." 장기투자가 나쁘다는 소리가 절대 아니다. 조 사장의 지적은 판매사의 홍보 문구에 너무 혹하다보면 의외의 덫에 걸릴 수도 있다는 뜻이다. 그러므로 펀드 회사들의 마케팅이며 고수들이 부르짖는 투자법에 감춰진 속뜻을 항상 되새김질해야 한다. '묻지마 판매'의 희생자가 되지 않는 비결은 뒤에서 더 자세히 살펴보기로 하자.

대중의 광기와 부화뇌동

"**주**식 값이 오르고 주위에서 돈 벌었다는 소리를 들으면, 대부분은 그 사람이 재미를 봤다고 생각하는 것이 아니라 '내가 벌 수 있는 기회를 놓쳤다'고 여깁니다. 즉 자신이 손해를 봤다는 쪽으로 생각하게 됩니다."

대중에게도 잘 알려진 연세대 심리학과 황상민 교수는 '투자자들이 왜 부화뇌동하느냐'고 묻는 필자에게 이렇게 답했다. 자신만 뒤처졌다는 생각이 들면 사람들은 '더 이상 돈 벌 기회를 놓치면 안된다'고 스스로 최면을 건다. 급기야 조바심에 쫓겨 눈에 불을 켠 채 투자에 뛰어들게 된다. 황 교수는 이런 행동이 비정상적인 것은 아니라고 말했다. 지극히 자연스러운 인간의 속성이라는 뜻이다. 거품이 의심되는데도 투자자들이 펀드며 주식으로 불나방처럼 달려드는 데는 다 이유가 있는 것이다.

그러나 황 교수는 인간의 본성에만 휩쓸려 '뒷북 투자'의 위험성을 간과하면 결국 큰 손해를 입는다고 경고했다. "예컨대 증시가 활황일 때 어떤 회사의 주가가 1년 사이에 1만 원에서 10만 원으로 열 배가 됐다고 해봅시다. 합리적인 사람이라면 '저 회사의 몸값이 열 배 올랐구나' 이 정도로 생각합니다. 그러나 자신이 기회를 놓쳤다는 조바심이 들기 시작하면 '내가 지금껏 투자를 안 해서 9만 원을 손해 봤으니 이제라도 나서야겠다' 라고 생각합니다."

필자가 황 교수에게 위와 같은 질문을 던졌던 이유는, 2007년과 2008년의 거품 사태를 제대로 분석하기 위해서는 인간의 심리를 반드시 알아야 한다고 생각했기 때문이다. 역사적으로 모든 거품의 뒤에는 대중의 광기와 부화뇌동이 똬리를 틀고 있었다. 따라서 시장 참가자들이 무슨 생각을 하고 어떻게 움직이는지 주시하는 것이야말로 '투자의 계절'과 '투자판의 큰 그림'을 간파하는 중요한 잣대 중 하나일 것이라고 보았다.

기억의 재구성과 검은 백조

내친 김에 국내에 투자심리 전문가가 있는지 찾아보았다. 수소문한 끝에 인지심리학 전문가인 고려대 의과대학의 안서원 박사를 통해 재미있는 얘기를 들을 수 있었다.

안 박사는 첫 마디로 '기억의 재구성'이라는 개념을 꺼내들었다. "인지심리학에서는 사람들이 과거에 있었던 일을 사실 그대로 기억하는 것이 아니라 자기존중감을 높이는 방향으로 재구성한다고 봅니다." 다시 말해 기억을 자신에게 유리한 쪽으로 선택하고 세탁한다는 뜻이다. 주식에 관해서도 마찬가지다. 사람들은 투자해서 돈을 벌었던 경험은 머릿속에 저장해두고, 실패한 경험은 기억하지 않으려 한다. 앞에서 말한 확증 편향과도 비슷한 이야기로, 결국 투자자들이 자신의 능력을 과대평가하는 증상이 나타나게 된다. 안 박사는 "대부분의 사람들은 주식의 가격이 오를 것이라고 지나친 기대감을 갖게 되는데, 필요 이상의 거액을 투자하거나 자신의 능력을 과신해 큰 손해를 볼 때가 많다"고 말했다.

전적으로 맞는 말이다. 투자의 세계에서 과거의 경험이나 타인의 수익률은 미래의 나침반이 될 수 없다. 그런데도 낙관론이나 비관론이 고개를 들면 투자자들은 비정상적으로 부풀려진 기대 수익률을 머릿속에 채워넣는다. 이것이 바로 거품을 잉태하는 씨앗이 되는 것이다.

좋은 쪽만 바라보려 하다가는 갑자기 나타난 '검은 백조black swan'를 보고 소스라치게 놀라서 우왕좌왕하다 돈을 잃게 마련이다. 2008년 가을에 《블랙 스완》(동녘사이언스)이라는 책이 국내에 번역, 출간되어 '금융위기를 잘 예견했다'는 입소문을 타고 증권맨과 투자자 사이에서 한창 인기를 끌었다. 유명한 금융수학자 나심 니콜라스 탈레브의 저서로, 백조는 모두 흰색이라고 생각했던 옛날 사람들이 호주에서 검은 백조를 보고 깜짝 놀랐다는 데서 착안한 책이었다.

또한 영국의 경제학자이자 〈파이낸셜타임스〉의 칼럼니스트인 존 케이는 다음과 같은 단순한 메시지로 주의를 환기시키기도 했다. '투자의 세계에는 수많은 이익과 손실이 뒤섞여 있다.' 예컨대 정규분포를 보면 이익은 가운데에 위치하고 손실은 양극단에 위치한다. 따라서 투자자들은 빈도가 잦은 이익에만 주목하고 손실은 별개의 것으로 취급한다는 논리다.

하지만 손실이라는 검은 백조는 엄연히 존재한다. 누구나 그 철퇴를 맞을 수 있다는 소리다. 쉬운 예로 교통사고를 떠올려보자. 운전자들 대부분은 자신이 교통사고에서 예외일 것이라고 생각한다. 조심스러운 사람이나 운전대를 함부로 잡는 이들 모두 마찬가지다. 하지만 곡예 운전의 대가로 피해를 입고 뒤늦게 후회하는 사람들이 언제나 있게 마련이다. 2007년 이후의 증시가 꼭 이랬다. '기억의 재구성'에 홀려서 넋 놓고 있다가는 검은 백조의 포로가 된다는 교훈을 우리는 너무도 생생히 체험했다.

린치와 소로스의 '통념 사슬' 끊기

그렇다면 인간 속성에서 벗어나 합리적 선택을 하는 것은 애당초 불가능한 일일까. 우리는 이대로 거품이 고개를 들 때마다 번번이 제물로 전락해야 할까.

물론 그렇지는 않다. 계속 강조하지만 거품의 생성 과정에서는 이런저런 징후들이 숱하게 출현하고, 안테나만 쫑긋 세우면 얼마든지 냄새를 맡을 수 있기 때문이다. 그 반대 상황도 일어날 수 있다. 시장이 바닥을 찍고 다시 회복하는 시점도 나름대로 가늠해볼 수 있는 것이다.

이를 위해서는 절망감의 포로가 되지 말아야 한다. 사냥감을 찾아 나선 맹수처럼 시장을 주시해야 한다. 그래야 소중한 기회를 포착할 수 있다. 투자의 역사를 보면 인간의 불완전한 습성을 간파하고 시장의 현주소를 직시하려는 노력이 끊임없이 펼쳐져왔다.

피터 린치도 그런 인물 중 하나다. 미국의 전설적 펀드매니저인 그는 '칵테일파티' 이론으로 장세를 진단했다. 예컨대 주가가 맥 못 추고 떨어지면 그는 칵테일파티장으로 향했다. 파티에 참석한 사람들에게 "나는 펀드매니저"라고 직업을 밝혔을 때 모두들 냉소를 보이며 조용히 사라지면 그때가 바닥일 가능성이 크다고 린치는 주장했다. 사람들이 주식이라면 치를 떨고 있는 상황이기 때문이다.

하지만 주가가 바닥에서 30퍼센트 이상 오를 때 칵테일파티에 가면 어떨까. 이제는 사람들이 린치를 잔뜩 에워싸고 "어떤 주식을 사면 좋겠느냐"고 물어온다. 갑남을녀들이 주식에 몰려들기 시작하는 이때는 주식이 본디 가치에 비해 고평가되기 시작하는 때이므로, 시장에서 한걸음 물러서는 것이 현명하다고 린치는 결론지었다. 어찌 보면 유치한 것 같지만 린치는 이러한 군중심리의 투자학을 통해 마젤란 펀드를 13년간 굴리며 총 2700퍼센트라는 경이적인 수익률을 올렸다.

린치의 청진기로 한국 증시를 진단해봤다면 많은 투자자들이 손실을 줄일 수 있었을법하다. 2007년 들어 코스피지수가 한 달 만에 100포인트씩 오르는 불꽃 장세가 펼쳐졌다. 시세판은 온통 빨간불이었고 투자자들이 주식을 사려고 계좌에 넣어두는 고객 예탁금은 하루가 다르게 불어났으며, 신문과 방송 뉴스에는 언제나 주식 기사가 헤드라인을 차지했다.

그런데도 브레이크는 걸리지 않았고, 주식 예찬은 자기 증식을 거듭해갔다. 빚까지 내서 투자하는 사람들이 늘었는데도 이런 현상을 우려하는 목소리는 없었다. 필자는 2007년 봄에 외상거래가 연초 4,000억 원에서 5조 원으로 불어나 심상치 않다는 기사를 쓴 적이 있는데, 현재 주가가 급락해 대출금을 갚느라고 깡통계좌가 속출한다는 얘기를 들을 때마다 씁쓸함을 감출 수 없다.

물론 상투나 바닥에서 투자자들이 다른 목소리에 귀를 기울인다는 것은 말처럼 쉽지 않다. 대중의 통념을 거스르는 역발상 투자를 실행하려면 큰 공포가 따르기 때문이다. 이번 위기를 두고 '슈퍼거품'이라고 칭하며 대공황보다 심각한 침체가 온다고 주장한 투자자 조지 소로스는 위와 같은 현상을 '시장의 지배적 평균'이라고 불렀다. 왕따 심리를 피하려고 모든 사람이 큰 흐름에 묻혀 간다는 지적이다. 오죽하면 거시경제학의 기틀을 마련한 케인즈조차 "주식투자는 미인대회 심사와 같다"고 했을까. 미인대회에서 1등 수상자가 누구일지 맞힌 심사위원에게 푸짐한 상을 준다고 했을 때, 자신의 미적 기준을 고려하면 안 되고 오로지 다른 심사위원들의 평균적인 심미안을 읽어야 정답을 맞힐 확률이 크다는 소리다.

하지만 주가는 군중의 물결에 휩쓸려 가다가도 투자자들을 비웃기라도 하듯 이내 평균적 심리를 거슬러 움직일 때가 많다. 단적으로 코스피지수는 미국의 9·11 테러 직후인 2001년 9월 17일 바닥을 쳤다. 이후 지수는 다시 올랐지만 당시 시장은 절망감에 빠졌고 투자자들은 주식을 거들떠보지도 않았다. 그런가 하면 이듬해 4월엔 '주가 지수가 1000포인트를 넘는다'는 낙관론이 지배적이었지만 거꾸로 장은 고꾸라지고 말았다. 시장은 이렇듯 예측불허다. 기상도를 제대로 짚어내기란 여간 어렵지 않다. 시장의 단기적 변화에 일희일비하지 않는 자세가 무엇보다 중요한 이유다.

민스키의 거품 붕괴 시나리오

한국 주식시장은 건설주 파동이라는 아픈 역사를 가지고 있다. 1975~1978년에 건설주는 무려 5200퍼센트 폭등했다. 당시 중동 건설 붐이 일면서 오일달러가 마구 유입된 데다, 정부의 부동산 투기억제책이 가세하면서 시중자금이 연일 증시로 몰렸다. 자고 나면 오르는 주가에 너 나 할 것 없이 건설주를 사러 달려갔다. 그러다 정부가 손을 쓰기 시작했다. 과열을 막기 위해 증권거래세를 만들고 시중 돈줄을 조이자 결국 건설주도 하락의 운명을 피할 수 없었다. 돈의 홍수가 빚어낸 2007년 이후의 거품 현상도 이와 크게 다르지 않다.

이런 사례들은 미국의 경제학자 하이먼 민스키가 제시한 '거품 붕괴의 8단계 시나리오'에 딱 들어맞는다.

먼저 투자자들의 기대치를 높이는 사건이 일어나고, 증시의 불쏘시개인 '자금'이 넘치면서 주가가 오르기 시작한다. 그러면 배 아픈 것은 못 참는 투자자들이 너도나도 따라나서면서 거품이 본격화한다. 어느 정도 돈을 번 사람도 나오고, 빚을 끌어다 투자하는 사례가 잦아지는 시기다. 하지만 선도 투자자들이 주식 비중을 축소하고 주식 가격이 떨어지면서 시장의 피로 증상이 나타난다. 결국 주가 하락폭이 예상보다 커지면서 낙관론에 취했던 대중은 비관론으로 돌변하고 탈출 러시를 이룬다.

필자가 속했던 〈중앙SUNDAY〉 경제팀은 2007년 봄, 국내 언론으로는 처음으로 민스키 이론을 자세히 소개했다. 우리는 당시 국내외 증시가 민스키 모델의 4단계쯤에 이른 것으로 판단했다. 중국만 봐도 모델이 지적하는 내용과 아주 흡사한 현상을 보이고 있었다. 당시 중국에 대한 투자자들이 기대치는 점점 높아지고 있었다. 중국의 경제성장률이 해마다 10퍼센트를 넘어서자 대출이 급증하면서 증권사 창구 앞에 긴 줄이 늘어섰다. 이후 일부 선도 투자자의 고수익 소식이 알려지고 모방 심리가 확산되자 증시는 과열 조짐을 보였고, 결국 중국 정부는 거래세를 인상하는 등 안정 조치에 돌입했다.

이후에도 한국을 비롯한 세계 증시는 민스키 모델의 시나리오를 거의 그대로 따라갔다. 2008년 가을부터 서브프라임 후폭풍이 걷잡을 수 없이 번지자 〈월스트리트저널〉 같은 주요 언론도 민스키 모델을 언급하기 시작했다.

사실 이번 위기의 파괴력은 시나리오가 전개되는 속도에 있었다. 서서히 피로 현상이 노출되는 5~6단계는 그야말로 번개같이 찾아왔다. 자산가격이 출렁이고 위기의 전운이 감돌면서 핑크빛 일색이던 시장은 지난해 가을부터 불과 몇 개월 만에 잿빛으로 바뀌었다. 굴지 기업과 은행이 파산한다는 7단계에 이르자 급기야 미국의 투자은행 베어스턴스 같은 공룡 금융회사가 쓰러졌다. 거품의 정점인 8단계가 머지않았다는 공포감도 갈수록 커졌다. 여름에 잠깐 반등하는 시기가 있었지만 해일 전의 고요함에 불과했다. 9월 중순 미국의 리먼브라더스가 쓰러지면서 시장은 암흑에 빠져들었다. 주가는 온통 흑빛 곡소리에 휩싸였다. 투자자들과 언론이 민스키 모델을 좀 더 일찍 접하고 경계심을 품었더라면 손실을 줄이는 데 도움이 될 수도 있었을 것이다.

민스키의
거품 붕괴 8단계 시나리오

1단계 – 돈의 풍년기(2000년대 초)
- 저금리로 '돈의 풍년' 도래
- 美 2001년부터 금리 인하

2단계 – 대출 시대(2003년 시작)
- 투자수익률 〉 이자비용
- 금융사 대출 급증, 규제 시작
  韓 신용카드 대란 발생

3단계 – 낙관 고조(2003년~2005년)

- 경제성장 호조
- 기업실적 · 주가 동반 상승
- 중국 성장률 10퍼센트, 미국은 4.7퍼센트로 상승 시동

4단계 – 거품의 본격화(2006년)

- 대중들의 투자 행렬
- 정부 시장 안정 노력 시작

5단계 – 선도세력 탈출(2007년 봄)

- 선발투자자 슬슬 이익 현금화
- 韓증시, 외국인 대량매도 시작
- 대중은 추격매수 지속

6단계 – 피로기(2007년 여름~겨울)

- 특정 기업 부도상태 발생
- 자산가격 급등락
- 美 서브프라임 위기 발발
  소형 금융사 위기

7단계 – 위기의 시대(2008년 봄)

- 중요 기업 · 은행 파산
- 시장 참여자들 위기 직감
- 美 베어스턴스 침몰

8단계 – 버블의 붕괴(2008년 여름~현재)

- 낙관하던 대중 비관론자로 돌변
- 자산가격 급락 → 적정가치 이하 추락

거품을 걷어내는 고수들의 지혜

2007년에 거품을 우려하는 글을 썼더니 슈로더투신의 장득수 전무에게서 이메일이 왔다. 대략 공감을 표하는 내용이었다. 알고 보니 장 전무는 거품분석의 고수였다. 역사적으로 광기 어린 투기가 어떻게 생겨났고, 얼마나 비참한 결과를 낳았는지 세밀하게 분석해《투자의 유혹》(흐름출판)이라는 책을 쓴 적도 있었다.

장 전무도 민스키처럼 거품 시나리오를 개발했다. 거품을 연구하면서 다듬은 그의 이론은 6단계로 나뉜다. 1단계는 역설적으로 '튼튼한 펀더멘털'에서 출발한다. 신제품, 신기술이 쏟아지고 나라가 강력한 채권국으로 전환하며, 기업 이익이 급증할 때 투기의 씨앗이 싹트게 된다는 것이다. 역사적으로 보았을 때 이 이야기는 사실이다. 1920년대 들어 미국이 대공황으로 치닫기 전에 라디오와 냉장고 같은 혁신 상품들이 속속 선을 보였고 대기업이 위세를 떨쳤다. 일본에서도 1980년대 후반 자국 내 수요가 늘면서 자동차·전자·철강 등을 중심으로 경제가 쾌속 성장했다. 경제 체력이 좋아지니 자연스럽게 주가도 뛸 수밖에 없다. 특히 이 단계에서는 "누가 한몫 잡았다더라"는 소문이 퍼지기 시작하면서 투자자들의 회가 동한다.

다음은 2단계로 '관심'의 시기다. 군중들이 투자에 적극적인 관심을 보이며 언론도 슬슬 '누가 돈 벌었다더라'는 투의 기사를 많이 제공한다. 3단계인 '전염' 단계부터는 혈안이 된 투자자들이 급증한다. 모방심리의 확대로 남 따라 빚을 내서 주식을 사고, 주부들이 투자를 주제로 이야기꽃을 피운다. 네 번째 '흥분' 단계와 다섯 번째 '광기' 단계에 이르면 아무도 투자자들을 말리지 못한다. '이번만큼은 다르다'는 믿음이 사이비 교주의 설교처럼 대중의 가슴속에 아로 새겨진다. 말로는 비참하다. 마지막 '패닉' 단계에서는 상승장에 가려 있던 숨은 악재들이 연거푸 터져나온다. 대중은 '나는 장기투자자'라고 위안하지만 결국은 펀드며 주식을 처분한다. 손에 남는 것은 깡통뿐이다.

경제학자 마크 손튼은 '발기지수erection index'라는 것을 만들었다. 어떤 나라에서 세계 최고층 건물이 지어질 때 경제가 위기에 직면한다는 재미있는 지표다. 우스갯소리만은 아닌 것이 1997년 말레이시아에서 페트로나스 트윈타워가 지어질 때 외환위기가 발생했고, 1929년 미국에서 엠파이어스테이트 빌딩이 올라갈 때 대공황이 닥쳤다는 사실을 상기해보라. 손튼은 아마도 최고층 빌딩이 인간 욕망의 절정을 상징한다는 점에 착안해 그러한 지표를 만든 것 같다. 따지고 보면 민스키의 모델이나 장득수 전무의 거품 시나리오도 모두 일맥상통하는 얘기다.

아주 정교하지는 못하지만 고수들의 경험에서 우러난 재미있는 거품 판별법도 많다. 존 F. 케네디 전 미국 대통령의 아버지인 조셉 케네디는 구두닦이가 주식 얘기하는 것을 보고 '이젠 꼭대기에 왔군…'하고 판단했다고 한다. 그는 당장 주식을 팔아치웠고 1920년대 말 대공황의 파장을 피했다. 국내에서는 애널리스트들이 잇따라 투자 의견을 상향 조정할 때, 여의도 증권가의 투자설명회에 장바구니를 든 아줌마 부대가 몰릴 때, 서점의 베스트셀러 목록에 투자 책들이 우르르 올라갈 때가 상투라는 속설이 있다.

뒷북을 치는 보도나 보고서가 많이 등장할 때도 마찬가지다. 1979년 미국 〈비즈니스위크〉는 표지기사로 '주식의 죽음'이라는 제목의 글을 다뤘다. 그만큼 시장 전망이 안 좋았다는 얘기다. 그런데 1982년부터 뉴욕 증시는 거꾸로 움직이더니 호황을 누렸다. 사실 대부분의 언론은 대중이 관심을 갖는 사안을 주로 다루기 때문에 한계가 있을 수밖에 없다. 그래서 대부분의 사람들과는 거꾸로 움직이는 역발상 투자자들은 언론 매체의 표지를 연구하기도 한다.

영원한 엘도라도는 없다

|

1995년, 메흐라와 프레스코트라는 미국 경제학자들은 주식의 높은 수익률을 기존 경제이론이 잘 설명하지 못한다며 이를 '주식 프리미엄 퍼즐'이라고 칭했다. 수익률에 근거가 없는 만큼 조심해야 한다는 경고를 보낸 것이다. 그러나 누구나 아는 것처럼 10여 년 뒤에 '닷컴주'로 상징되는 강력한 거품의 시대가 열렸다. 물론 그 거품도 오래 가지 못한 채 사그라지긴 했지만 말이다. 이래저래 정답을 찾기가 힘든 곳이 바로 투자의 세계라는 사실을 역사는 생생히 증언한다.

만약 아르헨티나 기업에 투자하는 펀드가 생긴다면 어떨까. 요즘 같은 위기 장세는 물론이거니와 2007년의 거품기였다고 해도 푸대접을 받았을 것이다. 하지만 100년 전에는 달랐다. 당시 영국인들은 아르헨티나의 트램웨이(전차) 사업에 투자하지 않으면 바보 소리를 들었다. 지금은 엄청난 빚더미를 안고 3류 국가로 전락했지만 1세기 전의 아르헨티나는 라틴어로 '은銀'이라는 나라 이름처럼 보석 같은 투자처였다.

그 당시 아르헨티나는 소가 사람보다 많은 부자 나라였다. 수도 부에노스아이레스는 그 화려함 때문에 '남미의 파리'로 불렸다. 아르헨티나가 장차 경제대국이 되리란 장밋빛 기대도 무르익었다. 그러나 대중영합주의 정책과 군사독재가 되풀이되면서 아르헨티나 경제는 쇠락의 길을 자초했다. '영원한 엘도라도는 없다'는 투자의 정석을 잘 보여주는 사례다.

앞서 소개한 장득수 전무는 브라질 · 러시아 · 인도 · 중국의 4개국에 분산투자하는 브릭스BRICs 펀드를 많이 팔았는데 위험을 쪼개야 한다는 그의 투자관을 반영한 상품이다. 물론 세계 증시가 동반으로 죽을 쑤면서 브릭스 펀드의 수익률도 형편없이 쪼그라들었지만 장 전무의 시각에서 배울 점은 많다.

"사람은 변하지 않습니다. 단지 튤립에서 금이나 주식으로 투기 대상만 바뀔 뿐이지요." 그는 이러한 속성을 알고 대처하는 데서 수익률의 희비가 엇갈린다고 강조했다. "투기와 거품 붕괴의 교훈을 한번쯤 음미해본 사람과 그렇지 않은 사람은 장세 대응법이 천양지차입니다."

사실 그는 브릭스 펀드가 유행하던 2007년 가을, 지나치게 돈이 몰린다고 경계했다. "날고 기는 펀드매니저도 급하게 모은 돈으로는 높은 수익률을 거두기 어려워요." 그러면서 그는 사례를 하나

들었다. 1987년 미국에 일레인 가자렐리라는 유명 애널리스트가 있었다. 당시 그녀는 10월 19일의 블랙 먼데이를 나흘 전 귀신처럼 예언해서 단박에 스타가 됐다. 명성을 등에 업은 그녀는 독립해서 투자자문사를 차렸다. 순식간에 돈이 뭉치로 몰려들었다. 하지만 펀드매니저로 변신하기에는 너무 일렀던 것일까. 그녀는 엄청난 돈의 홍수에 압도당해 펀드를 효율적으로 운용하지 못하고 결국 1년 뒤 비슷한 투자회사 중에서 꼴찌 성적을 냈다. '세기의 예언'을 한 고수조차 거품과 쏠림 앞에서는 별 볼일 없었다는 애기다.

다시 한 번 강조하지만 지금의 금융위기는 구태의연한 시장지표로 해석이 안 된다. 100년이 넘는 투자사에서 인간이 어떤 행태를 보였는지 통찰해보고 앞으로 나타날 시스템의 변화와 시장질서의 재편을 고찰해야 한다. 이런 점에서 민스키 모델이나 린치와 소로스의 혜안, 그리고 앞으로 소개할 번햄 박사와 홍성국 상무의 분석 툴은 위기에 빠진 투자자들의 생존을 돕는 충실한 나침반이 될 만하다.

주가가 폭락하고 펀드가 반토막 나면서 증권사 지점과 은행의 프라이빗뱅킹PB센터에는 하소연하는 고객들로 거의 초상집 분위기를 이룬다. '지금이라도 환매를 해야 하느냐.' '언제쯤 주가가 회복하느냐.' 하는 질문들이 꼬리를 물고 있다.

물론 속 시원하게 답을 일러줄 수 있는 사람은 없다. 리먼브라더스의 파산, 하루에 100포인트 가량 빠졌던 코스피지수, 미국 자동차 빅3 업체들의 도산 위기…. 어느 것 하나 예전에는 겪어보지 못한 일이다. 이런 초유의 사태가 줄을 잇자 기존의 분석툴은 무용지물로 전락하고 말았다.

공포와 투매가 지배하는 시장에서는 애당초 '펀더멘털'이란 것이 아무런 효과가 없을지도 모른다. 사람들이 콩으로 메주를 쑨다고 해도 곧이듣지 않고 한쪽으로 우르르 몰려가는 것이다.

그래서 테리 번햄 박사 같은 행동경제학자들은 '인간의 본성'에 주목한다. 생물학이나 심리학을 경제학에 접목해 시장과 경제의 변화를 관찰하겠다는 것이다. 어차피 경제학이라는 것이 뿌리를 파고들면 인간을 파헤치는 학문이 아니던가.

번햄은 국내에서 《비열한 유전자》(너와나미디어), 《비열한 시장과 도마뱀의 뇌》(갤리온)라는 책으로 잘 알려져 있다. 특히 투자자들의 우둔함을 원초적이고 단순한 도마뱀의 뇌에 비유해 대중적 필치로 알기 쉽게 그려낸 저서는 서브프라임 사태와 맞물려 좋은 평가를 받았다. 책의 내용을 잠깐 인용해보면, 당대 최고의 투자 경제학자로 평가받는 번햄 박사는 "당신의 머리는 돈을 벌기엔 너무 낡았다"는 도발적 메시지를 던진다.

무슨 뚱딴지같은 소리냐고 어리둥절할 독자도 있을 것이다. 그러나 이러한 얘기가 비과학적이지는 않다. 번햄에 따르면 인간의 뇌에서 앞쪽의 전두엽 부분은 분석적 계산(합리의 영역)을 담당하지만, 뒤쪽 뇌는 선사시대적 기능(감정의 영역)을 맡는다. 쉽게 말해 투자자들의 결정에 영향을 미치는 '동물적 요소'가 뇌 안에 자리 잡고 있다는 것이다. 우리가 늘 시장에 뒤통수를 맞는 것도 이 때문이다.

2007년 이후의 시장은 우리가 '동물적 뇌'에 보기 좋게 당했던 생생한 현장이었다. 인사이트 펀드로 한 달 만에 4조 원 넘는 뭉칫돈이 몰린 사례가 대표적이다. 돈 냄새를 맡고 너나 할 것 없이 열차에 뛰어들었지만 결국은 낭떠러지를 향해 치닫고 말았다.

필자는 번햄 박사의 분석에 흥미를 느껴 그와 직접 접촉을 시도했고 수차례 이메일로 인터뷰를 했다. 투자의 정석에 대한 흥미롭고 새로운 이야기를 많이 들을 수 있었는데, 박사는 공항에서 휴대용 단말기로 답장을 보내는 등 매번 정성과 열정을 보여주었다. 아마도 그의 통찰력은 '통섭'에서 나오는 것이 아닐까 싶다. 하버드대 박사(기업경제), MIT 석사(재무학), 미시간대 학사(생물물리학) 등 한 곳도 나오기 힘들다는 유수의 대학을 모두 거쳤으니 말이다. 그와의 인터뷰 내용을 잠깐 소개해보겠다.

〈테리 번햄Terry Burnham 박사와의 인터뷰〉

미국이 금융위기의 늪에 빠진 진짜 이유는 무엇인가. 서브프라임 부실은 정녕 피할 수 없는 운명이었나.

"인간의 뇌는 스스로를 속인다. 우리는 무모하게 행동하면서도 '나는 현명하게 처신한다'고 스스로를 기만한다. 우리 두뇌에는 내가 '도마뱀의 뇌'라고 상징적으로 이름을 붙인, 고래의 원시시대 때부터 형성된 영역이 있다. 우리는 이것으로 부지불식간에 금융시장과 관련한 대부분의 의사결정을 내린다. 도마뱀의 뇌가 투자자들을 '위험 마니아'로 둔갑시키는 것이다. 도마뱀의 뇌가 어떤 일을 저질렀는지, 우리는 지금의 금융위기를 통해 똑똑히 확인하고 있다."

조금 어렵다. 쉽게 풀어보자. 자꾸 뛰는 부동산 값이 꺼림칙하다면서도 사람들은 줄줄이 '모기지 춤판'에 합세했다. 이것이 미국발 금융위기 씨앗이었다.

한국에선 지난해 10월 중국펀드에 가입한 투자자들이 그렇다. 결국 모두 당할 판이다. 왜 사람들은 무모하게 상투를 잡고, 거꾸로 어리석게 바닥에서는 발을 빼나.

"원래 인간의 뇌는 먹고, 생존하고, 번식하도록 만들어졌다. 투자나 매매에 어울리도록 설계되지 않았다. 우리의 뇌는 과거지향적이고, 특정하게 반복되는 패턴을 인식하는 데 익숙하다. 이런 특징은 과거 우리 조상들이 사냥을 할 때 그만이었다. 식량을 성공적으로 찾으려면 여기저기 돌아다녀야 했고, 성공적이라고 판단된 행동을 반복했다. 그러나 자산 시장에서는 다르다. 이런 본능은 앞으로 가격이 오를 상품이 아니라 이미 상승할 만큼 상승한 상품을 사도록 만든다. 서브프라임 사태의 밑바닥에도 이런 기제가 숨어 있다."

시장의 먹잇감이 되고픈 투자자는 없을 것이다. 도마뱀의 뇌에 지배당하지 않기 위한 당신의 해법은 무엇인가.

"애석하게도 도마뱀의 뇌를 완전히 제거할 수는 없다. 인간 본성을 이루는 한 요소이기 때문이다. 그것이 불러오는 피해를 줄이는 방법으로 W·I·N이라는 전략을 추천하고 싶다.

W는 '깨어나라Wake'는 뜻이다. 도마뱀의 뇌가 투자 결정에 영향을 준다는 점을 의식하려고 애를 써라. '시장은 합리적'이라는 통념을 던져버리고, 내 안에 동물이 숨어 있다는 사실을 껴안아야 한다.

I는 '탐구하라Investigate'는 의미다. 자신의 투자 약점을 캐고 또 캐야 한다. 실패 경험은 저마다 다양하기 때문이다.

N은 '중립화Neutralize'의 약자다. 우리의 감정은 대인관계나 다른 상황

에서는 가치가 있다. 그러나 금융시장에서 감정은 파괴적이다. 도마뱀의 뇌를 중화시키려면 '훈련된 투자'를 하도록 뇌에 차단벽을 쳐놓아야 한다."

그런 자세는 평소부터 착실히 닦아야 할 것 같다. 지금은 심각한 위기 국면이다. 이런 상황에서 우리는 어떻게 행동해야 하나.

"뭐가 있겠나. 허리띠 졸라매기가 최우선이다. 수입 한도에서 살아야 한다. 더 작은 집을 사고, 더 싼 자동차를 몰고, 더 싸구려 음식을 먹는 길뿐이다. 이를 달성하는 가장 쉬운 방법은 돈이 월급계좌에서 저축계좌로 자동이체되도록 만드는 것이다.

다음으론 운동과 건강검진을 권하고 싶다. 위기일수록 몸도 피폐해지기 때문이다. 사람들은 '돈=행복'이라고 생각하지만 그것은 허상이다. 건강이야말로 진정한 기쁨의 원천이다."

한국시장이 유독 민감하게 출렁대는 이유는 뭔가.

"펀더멘털과 감정적 요인이 얽혀 있다. 예컨대 금융위기로 세계경제가 움츠러들면 한국 수출이 덩달아 위축될 수밖에 없다. 여기에 도마뱀의 뇌에 영향받은 주요 투자자 그룹들이 주식을 팔고 있다. 이들의 감정적 반응이 한국에서 발 빼기 현상으로 나타나고 있으며 주가의 커다란 진폭을 낳고 있다."

미국에서 750조 원의 구제금융이 투입되면 회생의 불씨가 될 수도 있지 않나.

"그러한 법안으로 위기가 쉽게 진정되지는 않을 것이다. 물론 정부는 구제금융법을 통해 여러 경제주체에게 고통을 분담시킬 수 있다. 하지만 문제가 된 어마어마한 총비용이 근본적으로 줄어드는 것은 아니지 않은가. 무엇보다 정부는 그동안 어리석은 리스크에 베팅한 투자자들에게 보상하는 식으로 정책을 폈고, 이제 신중한 투자자들이 대신 비용을 감당할 차례가 됐다."

이전 질문에 아직 답을 안했다. 시장은 언제쯤 평정을 찾겠나. 바닥을 확인하기 위한 선결조건은 무엇인가.

"이번 위기 사이클은 언젠가 끝날 것이다. 구체적으로 시기를 말하긴 쉽지 않다. 다만 분명한 것은 다시 일어서기까지 더 고통스러운 '숙청 작업'을 감내해야 한다는 것이다."

그런 점에서 이번 사태를 1929년의 대공황에 견주는 전문가들이 많다. 숱한 위기를 학습했는 데도 이런 악순환이 되풀이되는 이유는 뭔가.

"실제로 이번 위기는 대공황보다 더 나쁜 결과를 빚을 가능성도 있다. 탐욕과 공포의 순환은 영원히 되풀이될 것이다. 도마뱀의 뇌는 금융시장에서 우리를 좌절케 만든다. 이런 좌절의 방정식은 시장의 역사만큼이나 오래됐고 변하지 않는 속성이다."

'사람의 뇌'로 짚어본 바닥 징후

번햄 박사는 필자에게 "서브프라임 파장으로 불거진 금융위기의 회복 시점을 예상하긴 어렵다"고 고백했다. 그러나 그는 최근 도마뱀의 뇌를 다룬 저서를 개정하는 과정에서 위기 종식을 위한 조건들을 살펴봤다며, 그 내용을 필자에게 공개했다. 일단 그는 "도마뱀의 뇌가 다시 리스크를 사랑하게 되고 그 결과로 주가도 회복하려면 한 세대가 걸린다. 또한 그 마법이 풀리는 데도 비슷한 시간이 걸린다"고 말했다. 더불어 침체가 얼마나 지속될지 섣불리 예단하는 것보다 다음의 세 가지 녹색 신호를 찾는 것이 의미 있을 것이라는 조언도 덧붙였다. 과연 한국은, 중국은, 그리고 미국 증시는 지금 어디쯤 와 있을까.

첫 번째 신호: 리스크 다운족이 늘어난다

투자자들이 더 이상 위험을 떠안지 않으려 할 때가 바닥 근처일 가능성이 크다. 주식이며 펀드에 신물이 났다는 투자자가 많아지면 거품도 상당 부분 해소됐을 수 있다는 얘기다. 이럴 때가 역설적으로 리스크를 감수하고 다시 투자에 발을 들일 때다.

그렇다면 어떻게 이런 시점을 파악할까. 예컨대 주식은 채권보다 위험도가 큰 상품이다. 따라서 대중의 포트폴리오에서 주식 비중이 현저하게 낮아졌다면 회복의 희망을 품을 수 있다. 부채의 위험 또한 눈여겨봐야 한다. 미국인의 저축률과 주택 가치, 가계수지가 살아나면 회복의 단초로 판단할 수 있다.

두 번째 신호: 냉소적인 정서가 팽배한다

앞으로 투자 수익률이 어떨지 재보는 데 '비웃음' 만큼 좋은 지표도 없다. '바보들만 리스크 상품에 투자하는 거야' 라고 조롱하는 시각이 일반적이라면 다시 시장에 들어갈 시점이다. 좋은 사례가 미국의 주택시장이다. 몇 년 전만 해도 '불패의 투자처' 였으나 지금 결과는 비참하다. 뒤집어 말하면 때로는 '필패의 투자처' 라고 여겨지는 곳에서 투자 아이디어를 찾아야 한다. 즉 전문가들이 '주식에서 도망치라' 고 부르짖는 시기를 포착하라는 소리다.

세 번째 신호: 위험 자산의 가치가 하락한다

자산의 가치가 낮아지면 군중들도 이를 인지하고 슬슬 투자 위험을 떠안으려고 한다. 그러므로 주식의 평가가치가 어떻게 하강 곡선을 그리는지 눈여겨보라.

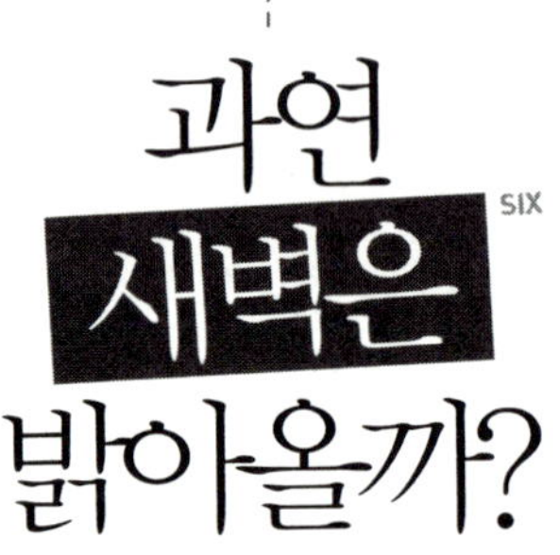

앞에서 소개한 민스키 모델이나 번햄 박사의 이론은 행태지향적이다. 수치로 똑 부러지게 말해줘야 고개를 끄덕이는 우리 실정에는 뭔가 2퍼센트 모자라게 느껴질 수도 있다. 무엇보다 관련된 지표를 직접 찾아볼 시간과 힘이 부족한 일반 투자자들에게는 뜬구름 잡는 두루뭉술한 설명으로 여겨질 수 있다.

그러나 주가가 500포인트가 될지 1000포인트가 될지, 부동산이 반값으로 내려갈지 다시 오를지 전망하는 것은 불가능할 뿐더러 위험천만한 일이다. 이러한 전망을 토대로 액션 플랜을 제시하는 것은 더더욱 피해야 한다.

하지만 비가 온다는 것을 100퍼센트 알아맞히진 못할지라도 지금 구름이 어디쯤에서 어떻게 몰려오는지 정도는 충분히 짚어볼 수 있다. '투자의 계절'을 제대로 파악하는 비결은 이렇게 기상도에 영향을 미칠 변수를 놓치지 않고 점검하는 것부터 출발한다.

그렇다면 2009년 이후는 어떨까. 사실 이 책을 읽는 독자들이나 숱한 투자자들이 가장 궁금해하는 대목이다. 물론 메시아 같은 고수가 나타나 족집게처럼 주가며 시장을 짚어주리라고 기대할 수는 없다.

먼저 역사적으로 보면 희망보다는 낙담이 우선할 만하다. 1930년대 초의 대공황 때 미국 주가는 90퍼센트 폭락했다. 주가가 다시 회복되는 데는 얼마나 걸렸을까. 폭락 전의 고점을 다시 되찾기까지 무려 25년을 기다려야 했다. 만약 세간의 두려움대로 지금의 불황이 대공황과 맞먹거나 오히려 파괴력이 더 크다면 주가며 자산시장도 수십 년 약세장을 각오해야 할 것이다. 이런 시나리오가 현실화된다면 펀드며 주식에서 당장 발을 빼야 하고, 젊은층이건 노후를 앞둔 사람이건 발 빠르게 현금을 확보하는 것만이 최고의 생존 전술이다.

그러나 대공황과 지금은 다르다고 볼 수도 있다. 필자는 우선 범세계적으로 '관치금융의 오케스트라'가 펼쳐진다는 데 주목한다. 1970년대의 불황 이후 과감한 규제완화를 내세운 '신新 자유주의'의 기치 아래 30년 넘게 펼쳐졌던 '작은 정부'와 '큰 시장'이라는 원칙이 온데간데없이 사라졌다. 먼저 미국은 2007년 가을부터 차단벽을 치기 위해서 금리를 줄기차게 내렸다. 여기까지는 체면을 크게 구기지 않는 통상적인 금융정책으로 볼 만하다. 그러나 이를 비웃듯 불길은 오히려 더 번져만 갔다. 시장이 느끼는 체감 위기의 진폭이 그만큼 컸으며, 당국의 대응책은 얕았다는 반증이다.

결국 미국 정부는 투자은행이며 모기지 보증회사를 가리지 않고 부실한 금융회사에 돈을 퍼부었고, 리먼브라더스의 몰락으로 시장 혼란이 걷잡을 수 없이 번지자 급기야 7,000억 달러의 공적자금을 투입키로 했다. 훗날의 역사가들이 세계 자본주의에 획을 그은 시점으로 기록할지도 모를 2008년 9월 19일. 조지 W. 부시 대통령은 금융위기의 불을 끄기 위해 "시장에 전방위적으로 개입하고 공적자금을 투입하겠다"는 백기 선언을 했다. 그러나 잔잔한 물결도 잠시뿐, 시장은 다시 해일 같은 공포에 휘둘려 여전히 돈이 돌지 않고 공룡 기업들이 파산 위기에 내몰리는 악순환이 반복됐다.

그때 미국이 선택한 것은 동시 진압작전이었다. 이른바 '글로벌 공조'를 말하는 것이다. 이후 유럽과 각국 중앙은행이 금리 인하를 단행하고, 선진국과 신흥시장이 모인 G20 회담이 열리면서 극단적 공황 상태가 조금은 진정되는 듯했다. 그리하여 현재까지는 대공황 때 볼 수 없었던 관치의 연합군에 기대가 실리고 있다. 대공황 당시 미국과 유럽은 수출을 늘리려고 환율을 경쟁적으로 내리고 관세를 올리는 바람에 불황의 골은 더욱 깊어졌다.

결국 필자는 한 몸이 된 글로벌 경제의 수습 조율이 얼마나 잘 이루어지고 투자자들의 공포를 압도하느냐가 장차 시장 회복의 관건이 될 것으로 판단한다. 아울러 버락 오바마 미국 대통령이 새로운 리더십으로 뉴딜에 버금가는 오바마노믹스를 펼쳐 회생 전기를 마련할지도 중요한 관전 포인트다. 신자유주의 시스템을 보완할 새로운 질서의 틀을 확인해야 시장이 숨을 쉴 거라는 소리다. 비록 1~2년 안에는 어려울지 몰라도 서서히 회생의 단초가 마련된다면, 아무리 힘들어도 '투자의 끈'만은 포기하지 않는 전략이 나중에 큰 보답을 받을 수 있다.

풍요를 상징한다는 2008년 무자년 쥐띠 해에 투자자들은 쪽박을 손에 쥐었다. 단기적으로 보면 2009년 기축년은 소의 해처럼 묵묵하게 뚝심으로 버텨야 할 듯하다. 그동안 낙관론에서 헤어나지 못하던 국내 증권사들도 시각을 교정하기 시작했다. 공포가 현실화되면서 코스피가 700선까지 떨어질 수 있다는 경고가 나오는 판국이다.

일시적으로 주가가 반등할 수는 있다. 돈의 물줄기를 생각해보면 가능한 일이다. 금융위기 타개를 위해 금리가 인하되고 돈이 방출되면서 세계적으로 엄청난 금액이 풀렸다. 금융위기 공포감이 차츰 가라앉으면 이 돈이 다시 자산시장으로 몰릴 수 있다. 그러나 기업 실적이 좋아져서 주가가 오르는 것은 아니라는 사실을 새겨두어야 한다.

한국으로 시각을 좁히면 투자자들은 '구조조정의 질'을 눈여겨 봐야 한다. 회생시킬 기업과 처분할 기업을 가려 부실한 부분을 도려내야 불길이 잡힌다. 매정한 주장이지만 머뭇거릴수록 부실 처리 비용이 늘어나고 가래로 막을 것을 서까래로 막게 된다. 아쉽게도 지금 정부의 움직임을 보면 '초전박살'과는 거리가 멀다. 그런 점에서 SK증권 최성락 스트래터지스트(투자전략가)의 말이 와 닿는다. "일시적 유동성 지원으로 사태가 해결되지 않고 파산 압력이 높아지면서 후행적으로 구조조정이 일어날 가능성이 크다." 이 단계까지 가야 곪은 것이 다 터지고 마지막 악재가 드러난다는 것이다. 그전까지는 진정한 바닥이 멀었다는 분석이기도 하다. 외환위기 당시의 경험을 비춰보면 설득력 있는 주장이다. 매수 타이밍을 잡으려는 투자자라면 이런 시점을 잘 들여다봐야 할 것이다.

포스트 버블을 주도할 상품은?

화들짝 놀란 투자자들에게는 '위험 분산'이 가장 큰 화두다. 투자 상품도 이쪽으로 진화할 수밖에 없다. 무엇보다 2009년부터 자본시장통합법이 시행되면 지금보다 더 복잡한 상품이 등장하게 되고, 투자자 설명 의무도 강화된다. 삼성증권 신상근 파트장은 자사가 얼마 전 거액 자산가를 대상으로 출시한 'SMASeparately Managed Account'를 한 유형으로 꼽았다. 주식 중심의 랩어카운트를 확장해 채권·대안투자·현금까지 섞어서 투자 목표 및 위험 허용도 등을 반영한 맞춤형 전략을 한 개 계좌에서 세우는 것이다.

시장 전체를 사는 방식으로 위험을 나누는 상품도 대안으로 꼽힐 수 있다. 예컨대 우량종목 200개에 섞어 투자하는 효과를 내는 상장지수펀드 ETF가 대표적이다. 굿모닝신한증권 이계웅 펀드리서치팀장은 'ETF를 주요 도구로 수익률은 물론 위험 관리 기능을 높인 '포트폴리오 서비스'가 각광받을 것"이라고 전망했다. 또한 그는 안전 자산을 선호하는 추세를 반영해 채권, 주식, 저축 기능을 뒤섞은 '변종 펀드'도 관심을 끌 것으로 예상했다.

2007년만 해도 해외펀드는 '자산의 60퍼센트 이상을 넣으라'는 증권사가 슐했지만 지금은 찬밥 취급을 받고 있다. 이종우 HMC투자증권 리서치센터장은 "그동안 버려두었던 채권에 대한 인식을 새로 하고, 포트폴리오는 선진국을 중심으로 짜야 한다"고 말했다.

부동산은 어떨까. 박승안 우리은행 PB팀장은 주택 거품이 꺼지면서 점차 매매 차익에서 이자형 수입으로, 투자의 유형이 바뀔 것으로 내다봤다. 특이 1인 싱글족이 늘면서 원룸이 각광받을 것이라고도 말했다.

그러나 정통 주식형 펀드를 배제할 수는 없다는 목소리도 적지 않다. 고령화 시대에 진입해 성장 잠재력이 떨어지고 저금리 기조로 갈 수밖에 없는 상황에서 노후대비와 생애 설계를 할만한 상품은 많지 않다는 이유에서다. 미래에셋 강창희 투자교육연구소장의 얘기가 그렇다. "이번 사태로 '어떤 상품도 영원할 수는 없다' 는 사실을 배웠다. 저축과 투자, 주식과 채권, 국내와 해외를 아우르는 적절한 분산이야말로 영원한 해법이다." ★

FUND FUND

part **02**

반토막 시대에 살아남는 투자의 지혜

재테크 전투의 필수무기 ONE 4중 그물망

'**돈** 모아야지.' 하는 결심이 가장 흔들릴 때는 남자의 경우 친구들과 술을 마실 때, 여자는 소위 '지름신'을 만날 때다. 종잇장처럼 얄팍해진 주머니를 봐도 '몇 달쯤이야….' 하고 넘어가고 만다. 하지만 몇 달은 결국 몇 년이 되고, 몇십 년으로 새끼를 친다. 결국은 카드 대출이며 마이너스 통장에 파묻혀 '더부살이 인생'이 되기 십상이다.

자산관리 격언에 '지연 비용cost of delay'을 조심하라는 말이 있다. A씨가 60세까지 20억 원을 만들려 한다고 하자. 연 10퍼센트 수익률을 가정하고 현재 A씨의 나이가 35세라고 한다면 지금부터 월 150만 원씩 투자하면 된다. 그러나 지금 나이가 40세면 260만 원이

들고, 50세라면 월 1,000만 원의 거금을 넣어야 한다. 총액으로 따지면 납입할 돈이 차례로 약 4억 7,000만 원, 6억 5,500만 원, 13억 2,000만 원에 이른다. 정신이 번쩍 나지 않는가. 하루라도 젊었을 때 나서야 하는 이유가 여기에 있다. 젊은 시절을 궁색하게 살라는 소리가 아니다. 위의 예를 보면 일찍 준비를 할수록 허리띠를 덜 졸라매도 얼마든지 충실한 노후자금을 만들 수 있다는 사실을 알 수 있다.

새내기 직장인 때부터 시작하자. 네 개의 날실과 씨실로 튼튼한 '재테크 그물망'을 짜면 나이 먹어서 허덕대고 살지 않는다. 연봉이 3,000만 원인 30세 K씨의 예를 통해 위에서 말한 '4중 그물망' 짜는 법을 짚어보자. 아래 소개하는 내용은 새내기 사회인뿐만 아니라 왕초보 투자자들도 요긴하게 써먹을 수 있는 병법들이다.

멀리 나는 창

우리투자증권의 조한조 펀드 애널리스트는 실전의 고수다. 스스로 원금 4,500만 원을 펀드로만 굴려서 7년간 2억 원 넘는 차익을 남겼다. "젊을수록 주식 같은 위험자산에 대한 장기투자가 가능합니다. 월급이라는 안전판이 존재하기 때문이지요." 젊은 만큼 공격적인 창검술을 구사해 부의 씨앗을 뿌리라는 소리다.

물론 지금 같은 위기 국면에서는 보수적인 병법을 구사하는 편이 좋겠지만, 우리가 겨우 몇 년 자산관리를 하다가 말 것은 아니므로 20~30년 후를 내다볼 필요가 있다.

일단 급여의 상당액을 적립식으로 꼬박꼬박 투자하면 건전한 지출 습관을 쌓는 데도 도움이 된다. 장기적인 목표 수익률은 최대 연 10퍼센트 안팎으로 잡는 것이 좋다. 2007년의 거품 절정기처럼 수십 퍼센트의 수익률을 원한다면 차라리 도박판으로 가야 한다.

10퍼센트의 수익률이라면, 앞서 말한 K씨는 매달 봉급의 절반인 125만 원을 투자했을 때 5년간 굴려서 꿈같은 1억 원을 모을 수 있다. 그리고 이 정도의 돈이 모이면 그 다음부터 투자에는 날개가 달린다. 다양한 상품에 효과적으로 분산투자를 할 길이 열리기 때문이다.

투자의 긴 여정에서는 첫 발을 내딛는 것이 무엇보다 중요하다. 주가 시세판을 한 번 더 보고, 정부의 경제정책이나 국제적인 경제 뉴스에도 좀 더 귀를 기울이게 되어 나름의 안목도 키우게 된다.

새내기와 초보 투자자들은 특히 '투자의 4계절'을 잘 봐야 한다. 크게는 적립식 장기투자를 할 것이긴 하지만 비중조절 등을 위해서 경기 회복기에는 주식형펀드, 경기 확장기에는 원자재를 포함한 실물펀드, 경기 후퇴기에는 채권형펀드, 불황기에는 현금성자산 투자라는 짝짓기를 염두에 둬야 기민한 대응이 가능하다. 이러한 감각을 잘 유지하는 것은 초보 투자자들에겐 금과옥조다. 역사적으로 대중은 언제나 시장의 변화를 인식하지 못하다가 뒷북 투자에 휘말렸다. 2007년 가을의 중국펀드 열풍이 그랬고, 1970년대 미국의 부동산 붐이 그랬다. 경험 없는 투자자일수록 귀가 얇게 마련이다. 전문가들이 적립식을 권하는 이유도 시장의 출렁임에 일희일비하지 말라는 뜻이다.

조한조 애널리스트는 "초보 투자자일수록 몰려다니지 말라"고 힘주어 말했다. 숱한 투자자가 어떤 상품에 관심을 가지고 있다면 이미 높은 수익률을 올릴 기회는 지나간 것일지도 모른다.

보험상품 한 방

재무 컨설팅 업체 iHAPPYi의 이택주 재무설계사는, 수년째 인기를 얻고 있는 중앙일보의 '재산 리모델링' 코너에서 보험담당 자문위원으로 활약하고 있다. 그는 "고객들과 상담을 하다보면 부동산이나 펀드에 대해서는 전문가 의견에 절대적으로 수긍하는데, 보험에서만큼은 개인적인 소신을 굽히지 않는 분들이 많다"고 말했다. 실제로 보험은 사람마다 몇 개씩 가입할 정도로 상당한 생활 밀착형 상품이다. 케이블 TV 광고며 홈쇼핑 광고만 봐도 알 수 있다. 이러니 '어떤 상품이 좋다.' '내가 더 좋은 보장을 받았다.' 하고 나름대로 전문가를 자처한다. 하지만 대부분은 겉똑똑이일 때가 많다. 나중에 더 자세히 다루겠지만 실제로는 중복 가입 문제가 심각하다.

사회초년병이 투자의 세상에서 가장 먼저 접하는 전문가 또한 주로 보험설계사다. 지인의 권유로, 또는 친지의 부탁으로 소개를 받을 때가 많은데 설계사들의 해법은 대개 이렇다. "질병보다는 재해를 집중 보장하는 상해보험에 우선 가입하세요. 그리고 결혼

한 뒤 필요한 보험을 추가하시고요."

하지만 이택주 설계사의 의견은 달랐다. "신입사원이라면 '한 방에' 기본적인 보장이 가능한 보험상품을 활용하는 게 낫습니다." 어느 쪽이 효율적인지는 자명해 보인다.

그렇다면 '한 방 상품'이란 어떤 것일까. 생명보험사 쪽에서는 종신보험이 대표적이다. 가장이 숨질 때 경제적 어려움을 겪을 유족들에게 보험금을 주는 상품이다. 그동안 가정의 상비약처럼 유행을 이루다가 최근엔 보험료가 비싸다는 불만에 인기가 주춤하는 추세다. 특히 '질병 특약'을 주계약에 연동시켜놓았기 때문에, 제대로 특약을 넣으려면 울며 겨자 먹기로 주계약 보험료를 높여야 한다는 단점이 있었다.

하지만 이택주 설계사는 "잘 찾아보면 최저 사망 보험금을 1,000만 원 정도로 맞춰도 특약 가입에 별다른 제약이 없는 상품도 있다"고 했다. 역시 아는 것이 힘이다. 나중에 가족이 불어나 사망보험금도 늘려야 한다면 그때는 보험료가 싼 정기보험을 완충제로 활용하면 된다.

보험에 처음 가입할 때 고민하는 것이 매달 납입료다. 물론 어떻게 설계하느냐에 따라 천차만별이지만, 보장성 보험의 경우 가족 총수입의 7~8퍼센트 수준이 적정하다. 처음부터 무리하지 말고 한 방 상품을 기본으로 하되 결혼과 승진에 따라 소득과 가족이 늘면 보장을 추가하는 전략이 바람직하다. 개인적으로 걱정되는 질병이 있거나 실제 치료에 들어간 돈에 대해 보장받고 싶다면 손해보험사의 민영 의료보험을 이용하는 것도 대안이다.

새내기 직장인 같은 보험 초보자라면 무엇보다 현란한 광고 문구에 홀리지 않도록 조심해야 한다. '모두 보장한다'거나 '다칠 때마다' 돈을 지급한다는 문구에 특히 유의하라. 여러 설계사에게 상담을 받아보는 것도 좋은 방법이다. 2008년 5월부터 복잡한 보험상품과 설계에 대해 일일이 설명을 잘 해주고 계약 성적도 좋은 설계사를 선별하는 '우수설계사 인증제도'가 생겨 생명·손해 보험협회 홈페이지 등에서 인증번호를 통해 확인해볼 수 있다.

장마펀드라는 화살

|

미래에셋증권의 정상윤 자산관리 세무사는 새내기 직장인의 장기투자전략에 대해 일단 '내집 마련과 노후연금'이라는 틀을 토대로 절세 전략을 짜라고 권했다.

먼저 집을 장만하려면 아파트를 청약할 수 있는 자격과 그 집을 살 돈이 있어야 한다. 그런데 청약통장은 월 10만 원 이하를 납입하도록 되어 있기 때문에 주택 구입 자금으로는 턱도 없다. 때문에 청약통장과 함께 장기주택마련(장마) 저축이나 펀드로 보완을 해야 한다. 단, 장마상품으로 세금 혜택을 누리려면 7년 이상 돈을 넣어야 한다. 따라서 확정금리를 주는 저축보다는 장기적으로 주가상승을 기대할 만한 펀드가 초년생에게 나을 수 있다.

즉 이자 소득에 대해 저리(9.5퍼센트, 일반예금은 15.4퍼센트)로 세금 우대를 받을 수 있는 청약통장과 더불어, 연 300만 원 한도로 불입

액의 40퍼센트에 대해 소득공제를 받는 장마펀드로 짝을 맞추면 훌륭한 전략이 된다.

만약 장마펀드의 소득공제 혜택을 한도까지 꽉 채워서 누리고 싶다면 연 750만 원(월 62만 5,000원)을 납입하면 된다. 연봉 3,000만 원일 때 이만한 액수를 납입하면 세율을 17퍼센트로 가정했을 때 세금을 연간 51만 원 정도 아낄 수 있다. 다만 장마펀드에 가입한 뒤 5년 안에 해지하면 가산세를 추징하니 조심해야 한다.

또 한 가지 알아둘 것은, 장마펀드는 한 사람이 한 계좌 넘게 중복가입할 수 있다는 점이다. 통장 여러 개로 돈을 분산해놓았다가 급하게 돈이 필요할 때 한 계좌를 해지하고 남은 계좌로 세금혜택을 유지하는 방법을 이용할 수 있다.

연금도 마찬가지다. 기본적으로 10년 넘게 돈을 부어야 하는 연금펀드에 들면 불입액 전부에 대해 연 300만 원까지 소득공제를 받는다. 역시 5년 안에 해지하면 매년 불입 누계액에 2.2퍼센트를 곱한 금액을 가산세로 토해내야 한다. 또한 연금펀드는 장마와 달리 근로소득자가 아니어도 소득공제 혜택이 있어, 자영업자들이 5월 종합소득세 신고를 할 때 활용할 수 있다.

'마음의 회계'도 꼼꼼히

필자의 대학 후배 한 명은 직장생활 10년차인데 아직도 빚에 허덕인다. 신입사원 때부터 매달 나오는 월급과 연말 성과급만 믿고 점점 씀씀이를 키웠더니 지금은 마이너스 통장 두 개에 카드 현금서비스도 자주 받는다. 금융회사들이 매긴 점수가 좋을 리 없다. 얼마 전 이사 때문에 은행에서 신용대출을 받으려다 핀잔을 잔뜩 들었다고 한다.

그처럼 신용관리가 엉망인 것은 사회초년병 시절부터 마음가짐이 잘못됐기 때문이다. '이 정도는 써도 된다'는 자기합리화가 개인의 회계장부를 뒤죽박죽으로 만든다. 사실 아파트를 장만하려면 빚 없이 살기 힘든 것이 요즘 세상이다. 결국 빚을 피할 수 없다면 신용을 쌓는 것은 또 다른 재산을 만드는 일과도 같다.

2007년 여름부터는 연대보증 제도가 폐지되었다. 신용이 없으면 돈 빌리기가 한층 더 어려워졌다는 소리다. 이제 은행은 보증인 없이 개인의 신용만을 평가해 대출을 해준다. 신용이 없으면 높은 금리에 대출액에도 제한을 받을 수밖에 없다. 신용을 쌓는 일은 뭐니뭐니 해도 씀씀이 줄이기에서 출발한다. 그래야 최대한 빚을 줄이고, 신용도에 악영향을 끼치는 고금리 대출의 덫을 피할 수 있기 때문이다. 특히 사회 초년병은 주거지 변경이 잦아서 자기도 모르게 연체하게 되는 경우가 많으니 주의해야 한다. 아울러 주거래 은행을 만들어 급여 이체, 카드대금 결제, 공과금 이체 계좌 등을 한 곳으로 통일해 거래 능력을 인정받는 일도 중요하다.

펀드판매 창구에서 _{TWO} 흔들리지 않는 법

투자자들이 자신을 먼저 알아야 한다면, 운용사와 판매사들은 고객을 먼저 알아야 한다. 그래야 고객에게 딱 어울리는 상품을 맞춤 양복처럼 내밀 수 있다. 실제로 선진국에서는 법률적으로 '간판 이론Shingle theory'이라는 것을 적용한다. 영업을 위해 간판을 내건 행위 자체를, 고객에 대해 공정하고 성실하게 업무를 수행하겠다는 묵시적 표시를 한 것으로 보는 것이다. 한국에서는 2009년부터 시행될 자본시장통합법에서 이런 규정을 두고 있다. 지금까지는 '고객 알기'가 그만큼 소홀했다는 반증이다.

'러브 펀드'가 대표적인 예다. 거품의 절정기를 관통하면서 원자재 값이 무섭게 뛰자 2008년 초부터 금융회사들은 러시아와 브라질 펀드에 가입하라고 연일 확성기를 틀어댔다. 물론 일부 전문가들은 당시 원자재 가격이 너무 올랐다는 우려의 시선을 보냈다. 단타를 노리고 뒷북에 나섰다가 쓴 맛을 볼 수 있다는 경고도 나왔다. 사실 2007년부터 일본, 베트남, 중국펀드 등이 순서대로 최고 스타의 지위를 갈아치우며 투자자들에게 러브콜을 받았지만 얼마 못가서 줄줄이 애도가를 불렀다. 하지만 러브 펀드를 팔던 창구에서는 이런 씁쓸한 기억이 뒷전으로 묻혔다.

이런 점에서 영국의 경우는 우리와 큰 차이가 있다. 고객의 투자 지식이 얼마나 되는지, 투자 경험은 있는지, 재무 상태는 어떤지 확실히 꿰뚫지 않고서는 특정 펀드에 들라고 감히 권하지 못하도록 법으로 정해놓았다(일반영업규범 9조). 일본도 마찬가지로 '펀드를 갈아타라'고 권하려면 법에 따라 꼬치꼬치 설명을 해줘야 한다(금융상품거래법 40조).

물론 우리나라의 일부 판매사들이 반성에 나선 점은 눈여겨볼 만하다. 사내 자격증 제도 같은 것을 만들어 열심히 창구 일꾼을 키우는 회사들도 늘고 있다. 그렇다면 '창구의 박사'들은 어떻게 탄탄한 펀드를 골라내고 수익률을 키우는 안목을 길렀을까. 증권과 은행, 보험사에서 인정받는 노련한 베테랑들의 조언을 들어보자. 그래야만 막상 창구에 섰을 때 흔들리지 않을 수 있기 때문이다.

재테크 집사, 누구든 고용할 수 있다

최정예 PB는 손님들에게 어떤 기준으로 펀드를 권할까? 필자는 삼성증권의 추천으로 명동지점의 유지명 과장(35)을 만난 적이 있다. 그는 회사에서 '마스터 PB'로 뽑힌 인물이다. 지금껏 확보한 고객 자산이 총 1,000억 원이 넘는 직원에게 주어지는 타이틀이다. 웬만한 소기업 못지않은 돈을 관리하는 금고지기인 셈이다.

이런 재테크 집사를 내 곁에 두기만 해도 든든할 것 같다. 그러나 PB의 문턱은 높다고 생각하는 사람이 많다. 그런 이들에게 유 과장이 제시한 처방은 의외로 간단했다. "발과 손가락만 움직이면 된다"는 것이다. 증권사 지점을 방문하거나 전화를 걸어서 "내 펀드를 잘 관리할 사람을 좀 붙여달라"고 요구할 때 거부할 회사는 하나도 없고, 이런 전문가를 최대한 괴롭혀서 묻고 또 물어야 손실을 줄일 수 있다는 얘기다.

유 과장은 망설임부터 극복하라고 말했다. "투자자들이 문만 두드리면 도우미는 줄을 서 있어요. 특히 2009년부터 자본시장통합법이 시행되면 일대일 상담이 필수라는 걸 증권사들도 잘 알고 있죠. 점점 많은 직원을 두게 될 겁니다."

유 과장은 온라인 펀드몰도 '쓸만한 무기'라고 권했다. 최근 증권사들이 자산배분 서비스를 강화하면서 자기 집 컴퓨터 앞에서도 누구든 훌륭하게 '모의 포트폴리오'를 짤 수 있게 되었다. 물론 이런 시스템을 활용할 정도가 되려면 어느 정도 투자에 대한 감과 경험을 쌓아야 한다.

"펀드를 팔기 전에 먼저 '비거리' 부터 그려보아야 해요." 유 과장은 무턱대고 골프채를 휘두르면 실수할 수밖에 없다며, 수익률 목표를 확실히 마음속에 정해놓아야 한다고 말했다. "예를 들어 5,000만 원을 굴려서 3년 뒤 자녀의 결혼 자금으로 1억 원을 만들고 싶다면 연간 15퍼센트의 수익이 필요하고 여기에 어울리는 펀드를 골라야 합니다."

그는 "마치 자판기에서 커피 빼듯 펀드를 파는 금융회사 지점이 많다"고 꼬집었다. "하지만 고객은 두 다리 쭉 뻗고 자더라도, 직원은 절대 편하면 안 되지요." 내가 만났던 창구 직원들은 과연 어땠는지 한번 곰곰이 떠올려보자.

뉴스에서 승전보를 읽다

그는 '배틀 우승컵'을 거머쥐었다. 무슨 운동경기 얘기가 아니다. 필자는 우리은행 대전 지점의 카이스트 출장소에서 일하는 최재용 과장(45) 얘기를 듣고 곧바로 전화를 걸었다. 우리은행은 직원들의 펀드 이해도를 높이고자 2008년 상반기에 두 번에 걸쳐 총 40여 일간 직원 1만 명을 대상으로 '펀드 배틀'을 벌였다. 최 과장은 사이버 종잣돈 10억 원을 굴려 총 9퍼센트의 수익률로 챔피언이 되었다. 연간으로 따지면 50퍼센트 가까운 성적이다. 물론 *그가 골랐던 펀드들을 2008년 말까지 유지했다면 금융위기의 후폭풍을 맞고 급락세를 면치 못했을 것이다.* 하지만 그의 안목을 봤을 때 펀드를 처분했을지, 아니면 비중을 줄이고 안전자산으로 갈아탔을지는 알 수 없는 일이다.

아무튼 최 과장이 거저 수익을 올린 것은 아니었다. 비결을 귀띔해달라고 청했다. "뉴스예요." 그가 내놓은 답은 지극히 평범했다. "신문이며 텔레비전의 경제뉴스가 최고의 훈수꾼이었죠. 집에 가면 잘 때도 뉴스 채널을 틀어놔요. 일어나서 바로 볼 수 있도록 말이죠." 투자의 나침반인 거시경제 흐름과 새로 나온 펀드의 특장점을 줄줄 꿰는 데 그만한 보고寶庫가 없다는 소리였다.

그도 처음부터 경제기사를 열심히 읽었던 것은 아니었으나 펀드에 눈을 뜨면서 이런 습관을 쌓으려고 노력했다. "펀드를 갖고 있으니 뉴스 속의 단어 하나하나가 살아서 눈에 들어오더라고요." 사실 경제뉴스란 이미 시장에 모두 반영된 뒷북 정보라고 생각하는 사람들이 많다. 물론 경제기사의 한계는 있다. 모든 기사가 속시원하고 날카로운 시각을 발휘하면 좋겠지만 그렇지는 않다. 어떤 매체를 믿을 수 있는지에 대해서는 이번 금융위기가 전개돼 나가는 과정에서 극명히 갈릴 것으로 본다. 다만 투자자들도 작은 기사 하나의 행간을 제대로 읽어내는 힘을 키워야 한다.

최 과장은 2007년에 잠시 연수를 갔다가 복귀했는데 공백 기간에 정신이 없어서 시장 뉴스에 소홀했다. 실제로 그때의 펀드 수익률이 좋지 않았다며 그는 강조했다. "최종 판단은 자신이 내려야 하고 결국 공부를 할 수밖에 없어요. 그렇게 하지 않고서 돈 벌려고 한다면 어불성설입니다. 저희 집안 가풍이 '남 따라 하지 말자' 입니다. 은행에 가면 주력 펀드를 세네 개 추천하죠. 무조건 받아들지 말고, 거기서 하나를 선택할 수 있는 기본은 스스로 닦아야 해요."

이 대목에서 우리은행의 '파워인컴 펀드'를 떠올릴 사람도 있을 것이다. 우리은행은 이 펀드의 원금을 떼일 가능성이 대한민국 국채의 부도 확률 수준이라 장담했고, 이를 믿었다가 손실을 크게 입은 투자자들의 항의가 빗발쳤다. 2008년 가을 금융감독원 금융분쟁조정위는 충분한 설명은 물론 투자설명서도 제공하지 않았다는 이유로 우리은행에 손실액의 50퍼센트를 배상하라고 판정했다. '창구 직원들을 어떻게 믿느냐' 는 불만이 나올법한 일이다. 물론 맞는 말이다. 판매사들은 더욱 분발하고 투자자를 위해 노력을 해야 한다. 다만 최 과장의 말처럼 스스로도 어느 정도 갑옷을 갖춰 입어야 생존 확률이 높아진다는 점도 새겨두도록 하자.

때론 잊어야 유혹을 피한다

"창피해서 말을 못 꺼내는 사람도 많아요." 대한생명 부천 연화지점의 김정순 파이낸셜 플래너FP(36)는 다음과 같은 펀드 실패담을 들려주었다. "의사들이었어요. 서로 개인정보를 주고받더니 중국 펀드에 들어갔지요. 2007년 가을에 주가가 슬슬 떨어지자 바닥권이라고 판단한 거죠. 그런데 주가는 그 후로도 내리 떨어졌어요."

캐피탈업체에서 채권회수 일을 하다가 2007년부터 보험설계사로 변신한 김 FP는 '움직이는 펀드 창구'로 통한다. 그는 얼마 전 회사에서 금융마스터 자격증을 딴 뒤 펀드 설계에 본격적으로 발을 디뎠다. 석 달간 인터넷 강의를 통해 펀드별 특징과 수익률 구조 등을 달달 외웠지만 실전이 중요하다는 판단에 많은 고객들을 만나 온갖 사연을 들으며 내공을 다져나갔다.

처음에는 그도 깜짝 놀랐다. "은행에 공과금 내러 갔다가 창구 직원의 권유로 펀드에 가입한 주부도 봤어요." 이런 투자자들은 십중팔구 펀드를 코스닥 대박주처럼 여긴다고 한다. "단기간에 높은 수익률이 나지 않으면 초조해하는 사람이 너무 많아요."

문제는 '펀드 박사'를 자처하는 투자자가 부지기수라는 것. "제가 펀드 얘기를 하면 '그게 아니거든요' 라면서 비웃곤 해요. 자격증을 보여드리면 조금 달라지죠."

그는 불완전판매에 대처하는 방법으로 "새내기 펀드에 너무 현혹되지 말라"고 조언했다. 창구에서는 아무래도 수수료 수익을 위해 유행 상품을 내미는 경향이 있고 투자자들은 이에 현혹되기 쉽다는 지적이다.

김 FP는 장기재무의 청사진을 짜는 설계사답게 펀드 가입의 제1계명으로 '시간'을 꼽았다. 고객에게 펀드를 판매할 때도 최소한 3년에서 5년 단위로 틀을 설정해준다. 한번 가입하면 은퇴할 때까지 유지하는 보험처럼 때때로 '잊어버리는 투자'도 필요하다는 것이다. 투자자들이 이런 소신을 일찍부터 갖고 있었다면 2007년 거품기에 거치식으로 왕창 돈을 쓸어 붓는 패착을 면할 수 있었을 것이다.

음정, 박자 제각각인 펀드 판매

한 은행의 강당. 직원이 두 명씩 무대로 나와 롤플레잉 게임을 한다. 각기 고객과 판매원 역할을 맡고서 창구 풍경을 재현하는 것이다. 주제는 '주가가 시원찮을 때의 펀드 가입'이었다. 결과는 어땠을까.

판매직원들이 고객에게 내민 펀드와 해법은 천차만별이었다. 물론 사람마다 투자성향이나 체질이 다르고 펀드도 워낙 많으니 다양한 상품을 내놓을 수 있지 않느냐는 해석도 가능하다. 그러나 직원들마다 큰 시각과 대응법이 모두 다르다면 뭔가 문제가 있다고 봐야 하지 않을까. 다시 말해 어떤 창구에 앉느냐에 따라 지갑이 두둑해질지 홀쭉해질지 달라진다는 소리다.

당시 게임은 피델리티자산운용이 판매사의 질을 높이자는 취지에서 마련한 것이다. 3년간 1만 2,000회에 걸쳐 판매 교육을 실시한 피델리티의 최기훈 이사는 "판매직원들이 공부를 많이 하고 다양한 자격증도 보유하고 있다. 그런데 막상 손님 앞에서는 전달이 잘 안 된다. 지식 위주로 공부를 해서 그렇다"고 일침을 놓았다. 고객 입장에서 생각하는 역지사지 판매법이 절실하다는 소리다.

최근 피델리티는 자산배분에 관한 롤플레잉 게임도 실시했다. 직원끼리 팀을 짠 뒤 가상의 시장 정보(사실은 과거에 실재했던 상황)를 주고 열 개의 펀드로 포트폴리오를 만들게 했다. 역시 결과는 제각각이었다. 어떤 팀은 아시아 시장을, 어떤 팀은 중남미 시장을 주포로 추천했다. 피델리티는 과거 실제 상황에서 최적이었던 포트폴리오와 비교해 항목별로 각 팀의 성적을 평가했다.

최 이사는 "창구에서는 상황에 적절한 펀드를 추천하는 것이 아니라 머리에 우선 떠오르는 상품이나 본사가 판촉에 나선 상품을 내미는 사례가 많다"고 설명했다. "무엇보다 과거지표인 펀드의 수익률만 보지 말고, 은퇴와 재무목표에 맞춰서 상품을 파는 시스템 변혁이 뒤따라야 합니다."★

클릭 한번으로 펀드 수수료를 줄인다

THREE

미국 금융가에서 유명한 〈패자의 게임The Loser's Game〉이라는 논문이 있다. 미국 예일대학의 기금운용위원회 의장인 찰스 엘리스가 1975년에 쓴 것으로, 골자는 '펀드매니저들이 펄펄 난다고 해도 결국 비용 때문에 시장 수익률을 넘어서기 어렵다' 는 것이다.

원래 펀드 투자는 장거리 승부다. 다득점 스트라이커도 좋지만 실점을 막는 수문장도 중요하다. 다시 말해 투자자가 잃는 돈인 '수수료(보수)' 를 최소화해야 수익률을 1퍼센트라도 더 키울 수 있다는 얘기다. 복리의 마술이 빚는 차이를 생각해보면 이런 주장은 일리가 있다.

예컨대 노후를 위해 1,000만 원을 펀드에 넣어 해마다 10퍼센트 수익률로 50년간 굴리면 11억 7,000만 원이 된다. 그러나 12퍼센트 수익률이면 27억 6,000만 원을 받을 수 있다. 겨우 2퍼센트 포인트의 차이가 이렇게나 무서운 것이다. 미국 자산운용협회 조사 결과, 이미 미국에서는 투자자들이 이런 사실에 주목하고서 펀드에 돈을 넣을 때 과거 수익률이나 위험 수준이 아닌, 비용에 가장 많은 신경을 쓰는 것으로 나타났다.

한국의 경우 2008년 말 기준으로 주식형 펀드의 수수료는 연평균 2.05퍼센트 정도다. 운용사는 0.77퍼센트를 가져가고, 판매사의 몫이 1.28퍼센트에 이르는데 판매사 중에서 4대 은행의 비중이 4분의 1을 넘는다. 현재는 금융위기를 계기로 소극적이던 은행들도 마침내 태도를 조금씩 바꾸었다. 펀드 수익률이 추락하고 여기저기서 항의 소송이 봇물을 이루자, 겁을 먹고 판매 수수료를 내리겠다고 나선 것이다. 그러나 역시 미봉책이요 생색내기에 불과한 듯하다. 수수료를 인하하겠다고 밝힌 펀드들이 자신의 은행에서만 파는 상품들이어서 전체 펀드에서 차지하는 비중은 아주 미미하다. 그렇지 않아도 어려움을 겪는 은행이며 증권사들이 막대한 수입을 보장해왔던 펀드 판매 수입을 포기하기는 쉽지 않을 것이다.

수수료를 아낀다는 측면에서 투자자들이 요긴하게 써먹을 수 있는 도구로 '인터넷 펀드몰'이 있다. 창구 직원이 필요 없어 인건비가 줄기 때문에 수수료가 싸다. 마침 2008년 봄부터 다양한 펀드몰들이 약속이나 한 듯 꽃단장을 마쳤다. 투자 참모로 부릴 수 있도록 제법 쏠쏠한 투자 정보들도 많이 탑재한 것이 눈에 띈다. 인터넷에 능숙한 젊은 투자자들은 물론, 그렇지 않은 사람들도 쉽게 사용할 수 있는 콘텐츠들이 많다. 가급적 다양한 펀드몰에 들러 상품 비교도 해보고, 필요한 정보를 모아서 내 것으로 만들면 훌륭한 재테크 참고서가 될 수 있다. 다음은 필자가 직접 이곳저곳을 클릭해보고 느낀 점이다.

펀드몰 수수료, 얼마나 싼가
|

당시 러브콜을 많이 받았던 중남미 펀드를 검색해보았다. 하나대투증권의 '펀드하자닷컴'에 올라온 하나UBS의 라틴아메리카 펀드 연보수가 1.97퍼센트였다. 지점의 연보수가 2.87퍼센트이니, 절반가량 덜 받는 셈이었다. 대략 계산하면 원금이 1억 원일 때 해마다 100만 원가량을 아낄 수 있다. 펀드몰 담당자인 황순배 차장은 "보수율은 원금이 아닌 평가액에 대해 적용하므로 수익이 많이 나면 그만큼 절감 효과가 크다"고 말했다. 다음으로 삼성증권의 'Fn-e펀드몰'을 둘러보았다. 화면상 KB운용의 브라질 펀드에 돈이 많이 몰리는 것으로 나타났다. 이 상품을 지점에서 가입하면 보수가 2.7퍼센트인 것에 비해 펀드몰 이용 시 보수는 2.36퍼센트였다.

두 펀드는 모두 온라인 전용 상품이고 투자 지역도 비슷했다. 그러나 수수료와 수익률 면에서는 차이가 있었다. 발품을 조금만 팔아도 더 싸고 더 좋은 펀드를 고를 수 있다는 소리다.

사실 발 빠른 투자자들은 이미 모니터를 들여다보며 노른자위를 골라 먹고 있었다. 자산운용협회가 조사했더니 2007년 초에 설정액이 1,000억 원 수준이던 온라인 전용펀드는 2008년 말에 1조 원을 돌파했다. 50개도 안 되던 취급 펀드 개수는 500개에 육박했다. 뭐니뭐니 해도 0.3~2.6퍼센트 수준의 수수료가 매력적이었다. 대우증권 자산관리컨설팅연구소가 조사했더니, 인터넷과 증권사 지점에서 동시에 취급하는 펀드의 온라인 보수는 오프라인 보수보다 0.1~1.6퍼센트포인트 낮았다. 펀드몰에서 온라인 전용펀드를 구별하려면 이름 뒤쪽에 'E' 혹은 'C-e'라는 꼬리표가 붙어 있는지 보면 된다.

인터넷 주치의 만들기

|

인터넷 펀드는 'DIYDo it yourself' 투자로, 스스로 메뉴를 골라야 한다. 그러다가 덜컥 가입한 펀드에 치명상을 입을 수도 있기 때문에 펀드몰들은 이런저런 '예방주사' 코너를 마련해놓았다.

삼성증권은 2008년 봄에 'My 펀드평가' 코너를 통해 투자자에게 경보 메시지를 보내는 서비스를 선보였다. 고객이 가입한 펀드의 수익률과 자금 유출 같은 변수를 주시하다가 문제가 생기면 이메일을 보내준다. 동영상 선호족을 위한 '애플박스 서비스'도 눈길을 끈다. 예컨대 삼성그룹주 펀드가 인기를 끌면 해당 상품을 굴리는 한국투자증권의 펀드매니저가 직접 출연해 시원하게 설명을 해주는 식이다. 타사 전문가라도 기꺼이 동원하는 열의가 가상하다.

키움증권이 만든 '내 펀드 비서' 코너도 비슷하다. 여러 펀드를 등록해놓으면 손익을 한눈에 볼 수 있다. 이 회사의 민석주 차장은 "두 개가 넘는 펀드 판매사를 이용할 때 펀드 수익률을 점검하려고 모든 판매사 홈페이지를 일일이 찾는 불편함을 덜 수 있다"고 설명했다.

대신증권에서는 '강남 펀드'라는 이색 코너로 펀드 유행을 짚어볼 수 있다. 최근 한 달간 서울 강남·강북·강서권 지점에서 판매액 '10걸'에 뽑힌 펀드를 소개한다. 필자가 강남구에 마우스를 대니 2008년 봄에는 봉쥬르차이나, 슈로더브릭스, 삼성 장기배당주 펀드가 많이 팔린 것으로 나타났다. 2008년 12월에 다시 들어가보면 리버스 펀드와 혼합형 펀드처럼 하락장을 염두에 둔 상품이 인기가 좋은 것으로 소개되어 있다. 유행 펀드에 편승했다가 된통 당한 투자자들이 많은 만큼, 가입 결정을 내릴 때 최종 잣대로 사용하기보다는 참고지표 정도로 활용하면 좋을 듯싶다.

세계 지도로 친숙도를 높인 서비스도 눈에 띈다. 대우증권의 'e펀드몰'은 나라 이름에 마우스를 갖다대면 판매 중인 펀드와 수익률을 확인할 수 있도록 해놓았다. 이런 서비스를 직접 맛보니 '왜 진작 몰랐나' 싶을 정도로 요긴한 것들이 많았다. 무엇보다 책상 앞에 앉아서 차근차근 곱씹어보는 맛이 괜찮다. 지점에서는 아무래도 쫓기듯 후다닥 투자 상담을 하게 되는 경향이 있다. 물론 현장의 전문가를 재정 집사로 사귀는 것이 1차적으로 중요하지만, 인터넷 펀드몰도 갈수록 진화하는 만큼 쏠쏠한 보조장치로 써먹을 만하다.

펀드몰 비교

증권사	사이트	수수료	특징 및 최근 강화한 서비스
굿모닝 신한증권	다이렉트 명품 펀드몰 (www.goodi.com)	삼성그룹주 펀드(연보수 2.0%) 등 온라인 전용 펀드 90개 취급	• 펀드 플래너: 마켓히트, 고수익률, 운용사 우수 펀드 등을 쉽게 비교 • 장바구니: 쇼핑 개념의 서비스로 매매, 자동이체 등 원스톱 프로세스 처리
대우증권	e펀드몰 (www.bestez.com)	KB코스피200인덱스 펀드(연 0.7%), 산은 차세대 e-fun 펀드(연 0.29%) 등 판매	• 해외투자지도: 마우스로 지역별 펀드 종류와 수익률 편하게 검색 • 자산관리컨설팅연구소 분석 자료 제공
미래에셋증권	펀드로닷컴 (www.fundro.com)	인덱스 시리즈 (연 0.36 ~ 0.38%) 펀드와 연보수 1% 내외의 펀드로 구성	• 인덱스 서비스 강화: 인덱스펀드맵, 글로벌지수, 총보수 비교기능 등 신설
삼성증권	Fn-e펀드몰 (www.samsungfn.com)	• 290개 펀드 판매, 온라인 전용은 80개. • 인덱스펀드는 수수료가 최고 50% 이상 저렴	• My 펀드평가: 수익률과 자금유출 등 메일로 경보, 사후관리 강화 • 애플박스: 각사 펀드매니저가 주요 펀드를 동영상으로 해설
키움증권	행가래 (www.kiwoom.com)	총보수 국내펀드 1% 이하, 해외펀드 1.5% 이하 28종 판매	• 내게 맞는 펀드찾기: 투자성향 진단 후 맞춤형 포트폴리오 추천 • 내 펀드 비서: 각사의 보유 펀드 내역 등록하면 손익 한눈에 파악
하나대투증권	펀드하자닷컴 (www.fundhaja.com)	하나UBS 라틴아메리카(연 1.9%) 등 온라인 전용 펀드 수수료 10~88% 할인	• 펀드 클리닉: 보유 펀드 파악해 처방 내리고 포트폴리오 설계
한국투자증권	금융상품백화점 (www.truefriend.com)	한국 타이완 펀드(연 2.4%) 등 43개 온라인 전용 상품 판매	• eManager: 순간순간 발생하는 펀드 정보 전달

낚시질 피하기

"양적으로는 컸지만 질적으론 모자란다." 대우증권 자산관리컨설팅연구소가 분석한 펀드몰의 현주소다. 예컨대 온라인 전용펀드는 설정액이 1억 원 미만인 상품이 상당수다. 이러한 '쥐꼬리 펀드'는 아무래도 펀드매니저들이 소홀히 다룰 가능성이 크다. 따라서 온라인 펀드몰에서 상품을 고를 때는 설정액도 깐깐하게 따져야 한다. 수수료에만 혹해서 펀드에 낚였다가는 큰 낭패를 볼 수도 있기 때문이다.

초보투자자여서 펀드에 대한 기본 지식이 없다면 더욱 조심해야 한다. 전문적인 상담사의 도움을 받지 않았기 때문에 오판할 가능성이 있다. 따라서 실전을 겪지 않은 새내기 투자자라면 지점 방문을 병행하는 것이 좋다. 앞으로 금융회사들이 서비스별로 펀드의 보수를 차별화하면 수수료가 더 내려갈 여지가 있기 때문에 온라인 상품의 매력은 더욱 높아질 것이다. 어느 정도 내공을 쌓아 스스로 상품을 고를 수 있는 투자자들의 입장에서는 반가운 일이다.

사실 선진국의 펀드 판매는 이미 철저하게 열린 구조를 지향하고 있다. 다양한 펀드들을 한 곳에서 팔고, 수수료는 판매사가 서비스 수준에 맞게 자율적으로 매긴다. 똑같은 수수료를 받는 국내 시장보다 훨씬 합리적이다. 자율적인 수수료 체계는 판매사의 서비스 품질을 높이고, 이런 노력은 결국 투자자들의 이익으로 고스란히 돌아가는 선순환이 이어지기 때문이다. 미국에서 '펀드 슈퍼마켓'인 찰스스왑 같은 회사가 성공한 기반도 바로 이런 서비스 경쟁에 있었다. 투자자들이 똑똑해지면 판매사며 운용사들도 손을 들 수밖에 없다.

사와카미 사장의 뚝심 펀드

가까운 일본을 보자. '사와카미 펀드'라는 상품이 있다. 업계에서 이단아로 불리는 사와카미 아쓰토澤上篤人 사장이 뚝심으로 굴리는 펀드다. 그는 농사를 짓듯 가치 있는 종목을 발굴하는 '농경 투자법'으로도 유명하다. 하지만 뭐니뭐니 해도 가장 큰 특징은 오로지 직판을 고수한다는 것이다. 은행이며 증권사를 거치지 않고 직접 펀드를 파는 시스템이다. 판매 위탁을 하지 않으니 당연히 수수료도 싸서 1퍼센트 수준에 그친다. 한국에도 여러 번 내한해 투자철학을 강연했던 사와카미 사장은 "고객들에게 충분한 설명을 하고 수수료 부담을 덜기 위해 직판을 한다"고 밝혔다. 그의 아이디어와 꿈은 일본 샐러리맨들의 마음을 사로잡았으며, 1999년 400여 명에게서 돈을 받아 출발한 회사가 현재 10만 명이 넘는 고객을 둔 번듯한 대기업으로 성장했다. 그러고 보면 미국에도 뱅가드나 피델리티 같은 유명 운용사들이 직접판매로 회사를 키운 사례가 있다.

한국의 경우 그런 회사가 없다가 2008년, 에셋플러스 운용의 강방천 회장이 본격적인 직판 시스템을 들고 나왔다. 금융감독원의 조사에 따르면, 직판 고삐가 2006년부터 많이 풀렸는데도 운용사들의 펀드 직판은 5조 원가량으로 전체 판매액의 1.6퍼센트에 그쳤다. 그나마 기관투자가 대상의 사모펀드가 대부분이다. 원인은 역시 판매사에 대한 눈치 보기 때문이다. 직판을 하면 은행이 운용사의 계좌를 개설해줘야 하는데, 지금까지 짭짤했던 판매 수수료를 고스란히 포기하고 운용사 판매만 대리해주게 되니 고개를 젓는 것이다.

수수료가 적어야 수익률이 좋다는 사실은 국내에서도 성적표로 입증되었다. 펀드평가사 제로인이 2002년부터 7년간 조사했더니 평균 보수가 1.23퍼센트로 가장 낮은 그룹의 펀드들은 연간으로 환산한 수익률이

18.6퍼센트였다. 그러나 보수가 2.8퍼센트로 가장 높은 그룹의 성적은 연 16.6퍼센트에 그쳤다. 중간에 해당하는 2.3퍼센트 보수율의 펀드들은 연 16.8퍼센트의 성적을 냈다. 특히 7년간 똑같은 돈을 굴렸을 때 보수가 제일 높은 펀드와 가장 낮은 펀드의 누적 수익률 차이는 12퍼센트포인트에 이르는 것으로 나타났다. 순간의 선택이 엄청난 결과를 낳은 것이다.

판매사가 변하지 않는다면 투자자들부터 바뀌고 구태를 압박해야 한다. 키움증권의 '행가래幸家來 펀드몰'을 보자. 2007년 5월부터 낮은 수수료를 표방한 온라인 전용 펀드를 팔고 있는데, 처음엔 잘될까 걱정했지만 일단 문을 열고 나니 투자자들이 큰 관심을 보였다. 이런 것이 바로 시장의 힘이고 경쟁의 힘이다.★

대물림할 수 있는 주식을 골라라

FOUR

잠깐 1998년 초로 거슬러 올라가보자. 그때는 불과 4만 원대였다. 하지만 2008년 12월 중순을 기준으로 가격은 46만 원으로 훌쩍 뛰었다. 눈치 빠른 독자라면 알아챘겠지만 삼성전자의 주가 얘기다. 10년간 1000퍼센트 넘게 오른 셈이다. "그때 일찌감치 사둘 걸…." 하고 이제 와서 땅을 치는 사람도 많다. 그런데 이런 종목은 한둘이 아니다. 포스코는 10여 년간 5만 3,000원대에서 38만 원대로 올랐다.

그렇다면 여태껏 재테크의 제왕으로 행세한 부동산의 성적은 어떨까. 강남권과 함께 상승폭이 컸던 목동의 아파트를 보자. 회사원 박 씨는 아파트 값이 바닥권이던 1999년에 1억 5,000만 원을 들여

목동에 89제곱미터(27평) 아파트를 구입했다. 지금 시세가 6억 원 가량이니 꽤 괜찮은 투자다. 그러나 무엇보다 1주택자인 그로서는 아파트를 마음대로 처분하기가 어렵다. 불어난 가치를 맘대로 현금화하기 힘든 '묶인 돈'이라는 소리다.

예금의 경우도 한번 살펴보자. 1998년 초에 1년짜리 정기예금 금리는 복리로 9.5퍼센트였다. 만약 이 이자율로 지금까지 1억 원을 불렸다면 현재 수중에는 2억 4,700만 원가량의 돈이 떨어진다. 수익률이 147퍼센트 정도이니 주식이나 부동산에 비하면 상대적으로 낮은 수준이다.

금융위기로 주식시장이 대혼란에 빠졌던 2008년 가을, 삼성전자 주식이 40만 원대로 떨어지더니 며칠 새에 50만 원으로 복귀했다. 40만 원으로 떨어졌을 때 필자의 아내는 "지금쯤이면 삼성전자 주식 사도 되는 것 아니냐"고 물었다. 평소 직접투자라면 손사래를 치더니 이날은 웬 바람이 불었는지 삼성전자 얘기를 꺼냈다. 당시 이 제안을 실행에 옮겼는지는 밝힐 수 없지만, 아무튼 뷔페격인 펀드에 비해 일품요리에 해당하는 좋은 주식을 발굴하는 맛도 나름대로 쏠쏠하다.

문제는 '될 놈'을 고르기가 쉽지 않다는 것이다. 번번이 코스닥 테마주에 입질했다가 호되게 당하는 개인 투자자들은 특히 그렇다. 필자는 포트폴리오의 일부를 직접 주식투자로 굴려보는 경험이 나쁘지 않다고 생각한다. 시장과 기업, 경제지표를 보는 관심도와 안목이 달라지기 때문이다. 자녀들에게 주식을 사주고 쏠쏠한 경제교육의 장으로 활용할 수도 있다. 사실 '부자 아빠'가 별 것

있겠는가. 자녀에게 투자 IQ를 높여주는 사람이 부자 아빠고 현명한 부모다.

이런 점에서 필자는 장기투자와 자녀 경제교육 등으로 이름을 떨치고 있는 고수들을 찾아 '당신의 자녀에게 물려줄 주식을 성의껏 골라달라'고 해봤다. 그들이 대물림으로 추천한 '명품 주식'은 과연 어떤 것이었을까. 물론 아래에 소개한 종목을 사라고 부추기는 것은 아니다. 투자 아이디어를 키우고 시장 보는 안목을 배우는 계기로만 삼아도 본전은 뽑는다.

지금의 1등은 답이 아니다

넓은 벌판에서 자녀 손에 쥐어줄 꽃 같은 주식을 찾기란 쉽지 않다. 2007년을 돌이켜볼 때 불과 1년 뒤도 못 보고 거품에 짓눌려 큰 손실을 떠안았는데, 10년 뒤라면 더욱 자신이 없어진다. 멀리 보는 눈을 기르는 비법은 과연 뭘까.

현대증권에서 일하는 오성진 웰스매니지먼트 컨설팅센터장의 말부터 들어봤다. 그는 자식에게 주식을 물려주어 '부의 밑거름'으로 삼으라는 내용의 책을 써서 증권가에 이름을 알렸다. "지금의 1등은 답이 아닙니다." 오 센터장의 입에선 이 말부터 나왔다. 주가에 이미 기업의 가치가 많이 반영된 만큼 앞으로 오름폭이 제한적일 수 있다는 분석이다. 아울러 그는 영업이익률이 10퍼센트를 넘는 주식을 고르라고 권했다. '기업경쟁력=수익력'이라는 기본에 충실한 시각이다.

한국밸류자산운용의 이채원 부사장은 어떨까. 한국의 장기 가치 투자자로 이름난 그는 '핵심 역량'을 말했다. 예컨대 인텔이나 마이크로소프트 같은 회사는 표준을 창출함으로써 경쟁사들이 감히 넘보지 못할 구조적 진입장벽을 쌓았기에 주가도 돋보였다는 것이다.

그는 "10년 세월을 생각한다면 유연성에도 주목하라"고 강조했다. 어떤 변화가 닥칠지 모른다는 것이다. 디지털 카메라를 대표적인 예로 들었는데, 10년간 필름 카메라를 디지털 카메라로 대체하는 과정에서 캐논과 니콘은 변신에 성공했지만, 독일 업체들은 전통에 집착해 생존이 위태로운 지경에 처했다. 지금 같은 위기 상황에서는 더욱 와 닿는 투자 포인트다.

신세대 가치투자자인 VIP투자자문의 김민국 공동대표는 '아버지 투자론'을 강조했다. 아버지때에도 있었고, 지금도 굳건히 존재하고, 미래에도 거뜬히 살아남을 주식이 답이라는 뜻이다. 쉽게 말해 사람들이 발을 끊을 수 없는 비즈니스를 하는 업체의 주식을 사라는 것이다. 그는 농심과 KT&G, 하이트맥주를 그런 종목으로 꼽았다. 하기야 이번 금융위기에서도 패닉 상태만 진정되면 음식료나 제약 업종이 상대적으로 부각될 것이라는 전망이 많다. 불황이지만 먹고 자고 입는 것은 누구나 해결하고 살아야 하기 때문이다.

소프트의 힘

|

고수들의 대답은 필자의 예상과는 달랐다. 10년 묵힐 주식이라면 당연히 삼성전자며 포스코, 현대중공업, SK텔레콤 같은 현재의 대장주들이 순위를 메울 것으로 지레짐작했다.

그러나 이들의 답변에서는 이러한 통념에 반하는 새로운 시선이 묻어나왔다. 눈여겨볼 것은 이들의 안목이 고령화, 레저, 보험, 쇼핑 등으로 모아졌다는 점이다. 마치 '소프트 산업'의 손을 들어주자고 짜기라도 한 것처럼 말이다.

하나은행 김창수 재테크팀장은 "실버층이 늘어나면서 생명공학 제품과 레저 서비스 수요가 늘 것이며, 자산이 점차적으로 증가하면 금융서비스 시장도 커질 것"이라고 내다봤다. 그가 손 대볼 만한 10대 종목으로 LG생활건강과 삼성증권 등을 꼽은 배경이다.

10억 만들기 붐을 일으켰던 교보증권의 김대중 목동지점장도 비슷한 생각이었다. "베이비붐 세대에 태어난 인구가 슬슬 중장년층으로 편입되면서 의약품 시장이 커질 것으로 봅니다." 그는 오랫동안 묵혀서 품을 만한 주식으로 유한양행을 꼽았다.

금융회사 중에선 신한지주 이름이 많이 거론됐다. 투자전략가인 하나대투증권의 김영익 부사장은 "자회사 구조가 가장 균형 잡혀 있고 수익성이 탁월한 데다, LG카드 인수를 통해 잠재 고객을 많이 확보한 점이 매력"이라고 밝혔다. 사실 필자도 은행을 출입하며 취재를 해봤지만 신한은행의 열기 넘치는 기업문화는 높이 살 만하다. 조직력도 끈끈해서, 불과 3년 전만 해도 신한지주는 국민은행 뒤에서 우리, 하나 지주와 경쟁하던 처지였으나 지금은 확실한 2위로 올라섰으며 1위까지 넘보고 있다.

여행사인 모두투어, 차량 네비게이션용 전자지도 업체인 팅크웨어도 여러 고수들로부터 러브콜을 받았다. 현대증권 오 센터장은 "국민소득과 은퇴자가 수가 동시에 늘면 해외여행업이 성장 산업으로 부상할 수밖에 없다. 이런 면에서 적극적으로 점포를 확대하는 모두투어가 기대된다"고 말했다. 중앙일보의 2007년 펀드 평가에서 운용사 평균 수익률 1위(51퍼센트)에 오른 동부자산운용의 김광진 조사분석팀장('마법의 성'을 부른 가수로도 유명하다)도 "전자지도 소프트웨어 기술에서 선두를 달린다"며 팅크웨어를 선택했다.

레저업의 틀 안에서는 대한항공과 아시아나항공도 과녁권에 포함되었다. 출산휴가를 앞두고 엄마의 마음으로 종목을 골랐다는 미래에셋증권의 안선영 투자전략팀장은 "장거리 노선 호황의 최대 수혜자이며, 중국의 소비 증가로 수혜를 입을 대한항공이 유망하다"고 짚었다.

물론 이런 주식들도 이번 금융위기의 급락 물결에서 자유롭지는 못했다. 여기에 제시된 종목을 샀다가 실망한 투자자들도 많을 것이다. 하지만 10년이다. 외환위기 전과 지금의 산업지도가 많이 변했음을 떠올리고, 당시의 주가와 지금의 주가가 어떻게 달라졌는지 따져본다면 너무 비관적으로만 볼 필요는 없을 것이다. 이렇게 10년 후 변화를 따져보는 작업은, 내 인생의 궤적도 함께 그려볼 수 있다는 점에서 중요하다. 자신의 직업과 경력, 미래까지 자연스레 설계하게 되기 때문이다.

고수들 "나는 이런 주식을 물려주고 싶다"

추천인	오성진 '자녀에게 주식 물려주기'의 저자, 현대증권 웰스매니지먼트 컨설팅센터장	김광진 2007년 수익률 1위 운용사 동부자산운용 펀드매니저	김영익 족집게 스트래터지스트, 하나대투증권 부사장	김대중 '10억 만들기' 붐의 주인공, 교보증권 목동지점장	공통된 특징
종목	신한지주(금융서비스 수요 증가, 계열사 사업구조 좋음)	토필드 (고성장 PVR 셋톱박스 절대강자)	POSCO(철강업 공급자 위주로 변화, 해외진출로 중국위협 극복)	에스원 (시스템 경비업 전망 양호)	노령인구 증가로 바이오, 레저업 성장 전망. 관련된 특화기술 보유했거나 집중투자하는 종목 부각
	대우증권 (자통법으로 투자은행 부문 부각)	태광 (금속관이음쇠 장기 고성장 국면)	NHN (인터넷 생활환경 확대)	유한양행(베이비 부머 중장년층 편입으로 의약수요 증대)	
	아시아나항공 (여행산업 성장성 부각)	한샘 (점유율 1위, 브랜드화로 지속성장)	KT&G(인삼공사 성장세 지속 전망, 부동산 자산가치 높음)	대교(경기변동 영향 적고, 교육열로 안정적 현금창출)	
	모두투어(은퇴 세대 승가로 여행업 매력 제고)	삼성물산 (건설부문 성장지속)	신한지주 (균형집인 사업 포트폴리오)	농심 (깅힌 가격 결정력, 재무구조 양호)	
	롯데쇼핑 (수출 → 소비로 경제축 이동)	POSCO (베트남, 인도 진출 등 글로벌 고도화)	대한항공(저가항공 등 수익다각화, 중국 성장으로 수혜)	GS홈쇼핑 (양방향성 활용한 T-커머스 수혜)	금융자산 증가로 자산관리업 성장, 종합자산관리 회사 유망
	동아제약(베이비부머 노령화로 의약수요 증가)	삼성증권 (수익구조 다각화, 자통법 수혜)	한국가스공사 (해외자원개발 사업 주목)	삼성화재(금융서비스 수요 증가, 리스크 관리 탁월)	
	삼성엔지니어링 (중국, 인도 시장서 수익 창출)	팅크웨어 (네비게이션 기술 선도)	KT(거대 통신망 통한 다양한 사업모델 구축 용이)	강원랜드 (선진형 관광 및 여가 급증)	IT+통신+방송+유통이 결합된 비즈니스 유망, 관련 선도기술을 보유한 종목 눈길
	KODEX200 (경제성장 따라 지수 상승)	한국가스공사 (자원개발 사업 가치 부각)	현대중공업(중국 물동량 증가로 혜택, 유전개발 사업도 진출)	현대모비스 (현대차 도약과 더불어 가치 상승)	
	현진소재 (고유가로 풍력산업 단조업체 부상)	현대모비스 (장기 안정적 성장, 절대 저평가 국면)	삼성전자 (양호한 사업 포트폴리오)	신도리코 (직원의 회사 충성도 높음)	
	팅크웨어 (네비게이션 강자)	신한지주 (비즈니스 모델 가장 탁월)	신세계(소비경기 장기 진작, 중국진출 등 경험 다양)	LG화학 (정보전자 소재 분야 성장성 부각)	

아이를 금맹金盲으로 만들지 말라

주식에 관심을 가지면 문맹보다 무섭다는 금맹金盲을 예방할 수 있다. 투자한 주식을 놓고 아이들과 자연스럽게 신문 경제면 등을 꼼꼼히 읽으며 기업과 산업에 대한 안목을 길러줄 수도 있다. 생생한 경제학습의 현장은 곳곳에 널려 있다. 이마트에 가서 손님이 북적대면 신세계백화점과 소비문화를 주제로, 방학 여행을 떠날 때는 현대차며 팅크웨어 같은 주식을 얘깃거리로 삼을 수 있다.

현대증권의 오성진 부장은 구체적인 기술도 일러주었다. "모의 실험을 해봤어요. 금액을 정하는 대신 주식 수를 정하는 편이 성과가 더 좋았지요." 아이들에게 주식을 사줄 때 50만 원, 100만 원 등으로 매수하는 것보다 주식의 최소 거래 단위인 10주씩 매수하는 방식이 좋다는 소리다. 나아가 주가의 바닥을 예측하는 건 어려우므로 매년 생일날, 또는 부모와 정한 목표를 달성한 때 등으로 주식을 선물하는 시점을 정하는 것이 좋다고 덧붙였다.

미성년자 계좌를 만들 때는 부모가 신분증과 주민등록등본 등을 지참하여 쉽게 개설할 수 있다. 여유가 있다면 사전에 증여세를 물지 않는 한도인 3,000만 원 내에서 현금을 증여한 뒤 그 돈으로 주식을 사게 하는 방법도 있다.

빛 다이어트의 기술
FIVE

빛을 져본 사람은 알겠지만, 빛이 쌓이는 상황에서 스스로 손을 쓰기는 쉽지 않다. 상처가 곪을 대로 곪아 터지기 직전에야 SOS를 외치는 사람들이 적지 않다. 빛 관리의 달인들은 이런 사람들에게 어떤 처방을 제시할까.

필자는 먼저 KBS 〈경제 비타민〉에 출연해 가계의 재무주치의로 명성을 얻은 에듀머니의 제윤경 대표에게 물어보았다. 그는 "이미 2007년부터 고객들에게 '서둘러서 빛부터 갚으라'고 조언했다"고 말했다. 일찌감치 위기의 전조를 읽은 셈이다. 그러면서 "지금은 실물경제가 점점 어려워지는 만큼 빛 갚기에 올인하는 것은 오히려 위험을 더 키울 수 있다"고 덧붙였다. 다시 말해 고용이 불안한 상황에서 월급봉투가 끊기는 사태에 직면하면 말 그대로 '진짜 위기'에 처할 수 있으니 최소한 6개월 정도의 긴급 생활자금을 마련해놓고 빚 대처에 나서라는 이야기였다. 어떻게 보면 대출상환보다 먹고 살 일부터 걱정할 만큼 긴박한 시기가 다가오고 있다는 경고이기도 했다.

제윤경 대표는 구체적으로 빚을 청산하는 방법도 제안했다. 만약 청약저축이 3,000만 원 있고 빚이 2,000만 원 있다면 저축으로 채무부터 갚아 치우라고 했다. 사실 부채 관리의 제1계명은 자산이 있을 경우 이를 처분해 빚을 줄이는 것이다. 물론 청약통장은 아파트를 사는 데 필요한 소중한 자산이다. 그러나 앞으로 주택 경기가 상당 기간 내리막길을 걷게 될 상황이니, 일단 빚을 갚아 발등의 급한 불부터 끄는 것이 현명할 것이다.

많은 투자자들은 펀드와 빚을 동시에 짊어지고 가려 한다. 빚이 어느 정도 있어도 펀드 수익률이 오르면 심리적으로 안심을 하고 빚을 대수롭지 않게 여기는 경향이 있다. 그러나 언제 덫으로 돌아올지 모를 빚을 질질 끌고 가면서 펀드로 장기투자 하겠다는 발상은 어불성설이라는 것이 제윤경 대표의 생각이다. 주가가 조금씩 오를 때 환매를 해서 펀드도 구조조정을 하고, 보험도 중복 보장이 돼 있는 상품들을 해지해서 자금을 만들 수 있다. 위기의 순간은 모든 것을 돌아보게 만든다. 제윤경 대표는 "집안의 자산과 부채를 꼼꼼히 적어보고 재설계하는 기회로 삼으면 좋을 것"이라고 조언했다.

물론 빚을 지는 이유는 각양각색이고 해법도 다를 수밖에 없다.

필자는 좀 더 구체적인 빚 탈출법을 알아보기 위해 서울 강남구 대치동에 있는 재무설계 업체 포도에셋을 찾아갔다. 양재중 팀장을 만났더니 세 가지 실전 사례를 제시하며 해법을 짚어주었다.

주택담보대출의 올가미

|

5년 전 시작된 거품기의 들뜬 분위기를 타고 주택담보대출이 왕창 풀려나갔다. 덕분에 현재 가계의 대차대조표에 아파트 담보대출 항목은 거의 필수적으로 포함돼 있다. 집값은 갈수록 떨어질 태세인데 금리는 슬금슬금 오르고, 거치기간이 지나면서 원금을 갚을 날짜가 다가오니 거의 죽을 맛이다.

양재중 팀장이 들려준 독신 여성 김 씨의 사례가 그랬다. 자영업자인 40세 김 씨는 월소득이 400만 원 정도로 큰 부족함을 느끼지 않고 살아왔다. 그러다 3년 전 인천에 있는 아파트를 구입했다. 당시 집값이 1억 2,000만 원이었고, 담보대출로 7,000만 원을 빌렸다. 김 씨는 안정적인 노후를 준비하고자 하는 생각이었고, 마침 부동산 가격이 괜찮은 때였다. 주변 사람들도 곧 대박이 날 거라며 부추겼다. 그 바람에 김 씨는 오피스텔도 추가로 구입했다. 6,500만 원짜리 오피스텔을 한도까지 꽉 채운 3,300만 원의 대출을 끼고 매입했다.

여기까지는 좋았다. 그러나 슬슬 경기에 찬바람이 불고 적자가 쌓이면서 빚이 늘어갔다. 마이너스 통장을 만들고 가입한 보험을 담보로 대출을 받는가 하면, 아는 사람들에게도 손을 벌렸다. 어느 새 빚은 1억 2,000만 원으로 늘어났고 매달 갚을 돈은 220만 원에 달해 소득의 절반을 넘어섰다. 슬슬 불안감이 밀려들면서 김 씨는 포도에셋을 찾아 도움을 요청했다.

양재중 팀장은 김 씨에게 양도세를 면제받는 1년 후 아파트를 처분하라는 해법을 제시했다. 물론 부동산 경기가 하락세여서 급매물을 내놓아도 팔리지 않는 게 요즘 추세다. 그래도 김 씨 같은 다주택자에게는 일단 가지치기밖에 대안이 없다. 부동산을 계속 떠안고 가겠다고 고집하다가는 빚이 점점 늘어 손쓰기 어려운 상황에 놓일 수 있기 때문이다. 애써서 모은 돈으로 마련한 부동산이니 무척 아깝게 느껴질 수밖에 없다. 몇 년만 지나면 부동산 경기가 다시 살아나지 않을까 하는 미련도 끊이지 않는다. 하지만 빚이 슬슬 목을 조여 온다면 과감하게 결단을 내릴 필요가 있다.

환승의 기술

|

위 사례에서 김 씨는 다주택자였다. 이와 달리 집이 한 채뿐이라면 그걸 팔 수도 없으니 더욱 답답한 노릇이다. 4인 가족의 가장인 마흔네 살의 회사원 이 씨가 그런 경우였다. 그의 월급은 430만 원으로 적지 않았다. 그런데 달마다 빚을 갚는 데만 250만 원이 빠져나갔다. 생계비며 각종 소비지출을 포함해 매월 마이너스 200만 원의 적자 살림을 근근이 이어가고 있었다.

그렇다고 이 씨가 흥청망청 돈을 써서 빚을 진 것도 아니었다. 중학생과 고등학생인 두 자녀의 사교육비가 한두 푼이 아니었고 생활비도 적지 않게 들어갔다. 기본적으로 주택담보대출로 8,500만 원을 빌린 데다, 월급에서 모자라는 생활비는 대출로 해결하면서 신용대출 1,400만 원에 1,000만 원대의 현금서비스 신세까지 지게 됐다. 사실 이 씨의 경우는 주변에서 흔히 볼 수 있는 40대 가장의 전형적인 사례다.

포도에셋은 대환대출을 해결책으로 내놓았다. 금리가 조금이라도 싼 대출로 방패막이를 하라는 것이다. 일단 금융회사들을 모조리 훑어, 주택담보대출의 한도를 최대한 많이 책정하면서 금리는 낮고 신용대출도 최대로 받을 수 있도록 일일이 견적을 뽑아보았다. 그러고는 몇몇 은행을 추려 흥정을 했다.

그 결과 A은행에서 기존보다 1퍼센트포인트 싼 금리로 담보대출 9,600만 원을 받을 수 있었고, 신용대출은 2퍼센트포인트나 낮은 금리로 1,000만 원을 빌렸다. 이 씨는 이 돈으로 현금서비스 빚을 단숨에 갚고, 월 대출상환금을 250만 원에서 125만 원으로 줄였다. 동시에 허리띠 졸라매기 작전도 병행했다. 월 지출액 360만 원을 260만 원으로 줄이자 결국 3개월 만에 적자 가계부는 플러스로 정상화됐다. 이 씨는 상담을 받은 뒤 가족들이 많이 달라졌다고 했다. 일주일에 한두 번씩 하던 외식은 직접 재료를 사와서 가족들과 요리하는 것으로 바뀌었고, 제사 때도 이것저것 많이 구입해서 음식이 항상 남았는데 이제는 필요한 만큼만 준비하는 습관이 생겼다.

사실 은행을 항상 갑(甲)으로만 여기는 사람들이 많은데 마음먹기에 따라 언제든지 원군으로 둔갑시킬 수도 있다. 예금을 들 때도 마찬가지다. B은행 창구에 가서 "옆 건물의 A은행은 금리를 얼마 더 준다더라"고 은근히 압박을 하면 더 좋은 조건으로 통장을 만들 수도 있다. 지점장 전결로 그 정도는 조정할 수 있기 때문이다. 2008년 가을에 자금난에 빠진 은행들이 앞 다투어 예금을 유치하려 했을 때도 지점 곳곳에서 이런 협상이 벌어지는 진풍경이 연출됐다. 이 씨의 사례는 부지런히 움직이고 행동으로 옮기면 탈출구가 열릴 수 있다는 것을 생생하게 보여준다.

억대 연봉 골드미스와 지름신

필자가 재무설계의 고수들을 만나면서 들은 첫마디는 바로 소비를 줄이라는 것이었다. 결국 빚은 수입보다 많은 돈을 쓰기 때문에 생긴다. 물론 소득이 적어서 먹고 살기 위해 부득이하게 대출을 받는 사람도 많다. 그러나 소비를 주체하지 못해 빚의 악순환에 빠지는 사람들도 꽤 된다.

양재중 팀장은 20대 후반의 회사원 박 씨의 사례를 들려주었다. 그녀는 월급이 900만 원에 이르는 '골드미스'였다. 사회생활에 뛰어든 지 5년 만에 억대 연봉을 받게 된 것이다.

하지만 사회 초년병 시절 업무 스트레스가 심했다. 퇴근한 뒤에 백화점에서 쇼핑을 하지 않으면 견딜 수가 없었다. 그러다보니 고액 연봉을 받는데도 모은 돈은 거의 없었다.

　그러다 몇 개월 휴직을 하게 되었는데, 평소의 소비습관을 멈추지 못하여 자연히 빚이 쌓여갔다. 결국 신용카드는 물론 인터넷 사채와 연 270퍼센트에 달하는 불법 사채까지 끌어다 썼다. 그 결과 대출액은 5,000만 원으로 늘었고 매달 700만 원씩 갚아야 할 처지에 이르렀다. 포도에셋과 상담을 한 끝에 다행히 두 곳의 캐피탈 업체에서 연 33퍼센트 금리로 3,000만 원을 대출받아 일부 빚을 갚았다. 양재중 팀장은 "박 씨 같은 채무자들은 먼저 소비 상태를 수술하는 것이 위기의 재발을 막는 길"이라고 조언했다. 특히 혼자서만 끙끙 앓지 말고 가족이나 주변에 알려 적극적으로 도움을 받아야 해결이 빠르다고 강조했다.

　지름신을 부르는 주범은 무엇보다 신용카드다. 당장 돈이 없어도 미래의 소득을 담보로 많은 지출을 하게 될 수 있다. 그러나 위 사례처럼 예기치 못한 상황은 언제든 닥칠 수 있다. 그런 사태를 막으려면 외상장부와 같은 신용카드 대신 저축액 한도 내에서만 쓸 수 있는 체크카드를 사용하는 것도 좋은 방법이다.

아래의 질문에 O, X로 답하시오.

① 소득이 낮으면 신용등급도 낮다. (　)

② 대출도 없고 카드도 없이 현금만 쓰면 신용등급이 높다. (　)

③ 한번 떨어진 신용등급은 바로 회복할 수 있다. (　)

④ 10만 원을 석 달 연체한 것보다 30만 원을 한 달 연체한 것이 신용도에 더 나쁘다. (　)

⑤ 카드 이용금액은 신용등급에 영향을 미치지 않는다. (　)

⑥ A은행에서 카드를 만든 사실을 B은행은 모른다. (　)

⑦ 연체액을 다 갚으면 신용평점이 오른다. (　)

⑧ 신용거래를 안 하면 신용등급이 유지될 수 있다. (　)

⑨ 대출이 많으면 신용이 안 좋다. (　)

⑩ 담보만 확실하면 얼마든지 대출받을 수 있다. (　)

⑪ 모든 연체 정보는 갚는 즉시 삭제된다. (　)

⑫ 소액 연체는 신용에 크게 영향을 미치지 않는다. (　)

⑬ 결혼을 하면 배우자 신용도가 내 신용도에 영향을 미친다. (　)

※ 답은 모두 X

〈자료: 신용회복위원회〉

개미들의 응급 소생술

"**달**리 뭐 할 말이 있겠습니까. 펀드매니저들도 두 손, 두 발 다 들었는데요…."

여의도 증권맨들은 만나기만 하면 하소연부터 쏟아놓는다. 그만큼 폭락장에 속수무책이라는 얘기다. 장밋빛 주가 전망을 쏟아내며 투자를 부르짖던 그들이 야속할 뿐이다. 프로를 자처하는 사람들도 이럴진대 등 떠밀리듯 시장에 발을 담근 개인 투자자들의 상황은 망연자실 그 자체다.

상처를 회복하기 위해서는 일단 지혈부터 하고 응급수술로 상처를 꿰매야 한다. 단순히 손해 본 돈을 되찾으려는 시도로 그쳐서는 안 된다. 펀드며 주식 손실은 단기적인 후유증으로 끝나지 않고 빚과 파산으로 이어지고 있기 때문이다.

여기서 소개하는 단계별 긴급처방은 박지성 선수와 박찬호 선수의 자산관리사로 유명한 우리은행 박승안 PB팀장이 고객들에게 자주 제시하는 내용이다.

1단계로 할 일은 '손익계산서 작성'이다. 저녁식사 후 마음먹고 배우자와 함께 현재의 재산 상태와 수입·지출 내역을 깨알같이 공책에 적어보자. 펀드며 주식, 부동산, 변액보험 같은 자산에서 투자 손실이 얼마나 났는지 꼼꼼하게 점검하는 청진 작업부터 수행해야 처방전을 쓸 수 있다.

2단계는 '최악의 시나리오 상정'이다. 앞으로도 주가가 계속 떨어지고 소득은 줄고 빚 부담이 늘어난다면 과연 얼마나 버틸 수 있을지 악몽 같은 순간을 구체적으로 그려봐야 한다. 아이들 학원 보낼 돈이 없어지거나 몇 달 뒤 아파트 담보 대출금 갚을 목돈을 마련해야 한다고 생각해보라. 갑자기 등골이 서늘해지고 머리털이 곤두설 것이다. 그러나 이 작업을 선행해야 정신 바싹 차리고 허리띠를 졸라 매고서 손실 회복 대책을 더욱 꼼꼼하게 짤 수 있다.

3단계는 '집도執刀 단계'다. 수술 칼을 들고 최대한 출혈이 적도록 조심해서 상처를 봉합해야 한다. 전문가들은 언제나 최소 6개월 정도는 먹고 살 현금을 비축해둬야 한다고 강조한다. 이런 비상자금이 없거나, 당장 급하게 써야 할 돈이 특정 자산으로 묶여 있다면 손실이 난 상태일지라도 펀드며 주식을 처분할 수밖에 없다.

펀드 환매에도 순서는 있다. 인덱스 펀드 같은 단순한 상품보다는 해외펀드나 파생상품처럼 복잡한 애물단지부터 손대는 식이다.

규모가 작은 펀드도 마찬가지다. 만약 이런 펀드에서 환매가 일어나고 덩치가 갈수록 쪼그라들면 운용에 타격을 입고 손실도 더욱 커지게 된다.

사실 응급상황에서 발을 동동 구르지 않으려면 평소부터 두 가지 방향으로 자금을 굴려야 한다. 먹고 사는 데 필요한 돈은 '운영자금'으로, 투자로 불릴 돈은 '투자자금'으로 나누면 환매나 긴급한 자금 수요에 대응하기가 훨씬 쉬워진다.

물론 상황이 급하지 않다면 반등할 때를 기다려 조금씩 나누어 펀드를 환매하는 것이 낫다. 매달 적립식 투자를 한 경우, 분할 환매를 할 때는 창구에서 최근 석 달 이전에 넣은 돈에 대해서만 환매해달라고 요청해야 수수료 손해를 보지 않는다. 많은 펀드가 가입한 지 90일 안에 환매하면 이익금의 70퍼센트를 환매수수료로 떼어 가기 때문이다.

기왕 환매 얘기가 나왔으니 펀드 환매와 관련하여 투자자들이 맞닥뜨리기 쉬운 오해를 이야기해보자. 먼저 '베스트 펀드를 쫓아다닐수록 돈을 번다'고 착각하는 사례가 많은데 진실은 어떨까? 수익률 좋다는 펀드를 따라 기존 펀드를 자주 환매하고 철새처럼 갈아타는 투자자들이 있다. 하지만 전년도에 최상위권 수익률을 기록한 펀드가 다음해에도 연거푸 챔피언 벨트를 지킨 적은 많지 않았다. 예컨대 유례없는 급락장 속에서 '리버스 펀드'들은 2008년 한 해 동안 50퍼센트 넘는 수익률을 기록했다. 상품의 성격 자체가 주가가 떨어질수록 이익을 내도록 되어 있기 때문이다. 그렇다면 2009년에도 이 펀드에 기대를 걸어볼만 할까? 알 수 없는 일이다. 약세장이 당분간 불가피하다고 해도, 주가가 대세적으로 크게 하락 곡선을 그릴지에 대해선 아무도 장담을 못한다.

사실 그동안 투자자들의 수준도 상당히 높아졌다. 나름의 손절매 원칙을 정하는 경우도 많다. 예를 들어 20퍼센트가 오르면 무조건 환매해서 수익을 확보하고, 그만큼 떨어져도 마찬가지로 무조건 손절매를 한다고 스스로 약속을 하는 것이다. 그러나 막상 결정의 순간이 되면 마음이 흔들린다. 주가가 떨어지면 반등을 기대하고, 주가가 오르면 추가 상승을 기대하는 것이 인간의 심리인지라 손절매 원칙을 지키기란 쉽지 않다. 번번이 손절매 타이밍을 놓치고서 후회하는 사람이라면 차라리 '용도 원칙'을 정해두는 것도 방법이다. 예컨대 자녀의 학자금 등 돈의 용도에 맞춰 필요할 때 환매한다고 생각하면 선택의 순간에 고민을 덜 수 있다.

다음으로, 펀드 손실액이 커질 때 정기예금 등의 은행 예금으로 갈아타려는 사람들이 종종 있는데 과연 현명한 방법일까? 시장에 한파가 닥칠 때면 안전하다고 여겨지는 은행으로 돈이 쏠리게 마련이다. 실제로 2008년 가을부터 시중 은행과 저축은행의 고금리 예금으로 돈이 쏠렸다. 출시 한 달도 안 돼서 1조 원이 몰리는 상품까지 등장했다. 연 8퍼센트 넘게 이자를 주는 저축은행 창구에서는 사람들이 두 시간 넘게 줄을 서서 기다리는 진풍경도 연출됐다. 돈 굴리는 데 다소 여유가 있다면 일부는 이렇게 묻어둬도 좋겠다.

그러나 펀드 손실액을 만회할 작정으로 은행을 찾는다면 조금 생각해볼 일이다. 계산기를 두드려보면 20퍼센트의 손실을 입은 투자자가 펀드를 환매해 정기예금으로 갈아탈 때 원금 회복에만 4년이 넘게 걸린다. 하나은행의 김창수 재테크 팀장은 "펀드 수익률이 마이너스 30~50퍼센트로 고꾸라졌는데, 정기예금에 돈을 100퍼센트 묻어두면 손실 만회가 쉽지 않다. 물론 지금 같은 국면에서는 위험이 적은 자산으로 갈아타는 것이 좋지만, 시간을 갖고 조금씩 조정해나가는 것이 바람직하다"고 말했다. 시장이 흔들릴 때면 모두들 태도가 180도 바뀌어서 은행만이 최후의 피난처인 것처럼 떠들지만, 그것도 정답은 아닌 듯하다.

기특한 사이버 '신용 도우미'

신용회복위원회는 빚 관리하는 데 도움이 되는 인터넷 사이트(http://edu.ccrs.or.kr)를 운영하고 있다. 서울대 생활과학연구소와 함께 개발한 '신용 건강검진' 서비스에서부터 내 빚이 어떤 수준인지 보여주는 '부채 경고등', 자신의 신용수준을 4단계로 측정해볼 수 있는 '신용 사다리', 신용에 금이 간 까닭과 해법을 제시하는 '원인과 처방' 등의 코너를 이용할 수 있다. 신용 교육을 원하는 학교나 단체는 오프라인 강의 신청도 할 수 있다.

한국개인신용KCB의 올크레딧 사이트(www.allcredit.co.kr)는 공인인증서를 통해 연 1회에 한해 무료로 신용정보를 열람할 수 있다. 이곳을 이용하여 열람을 하면 신용등급에는 영향을 주지 않는다. 2만 2800원을 내면 1년 간 무제한으로도 열람이 가능하다. 발급한 카드 숫자와 현금서비스 사용액, 평균 수치와 비교한 자신의 대출 금액 등을 파악할 수 있다.★

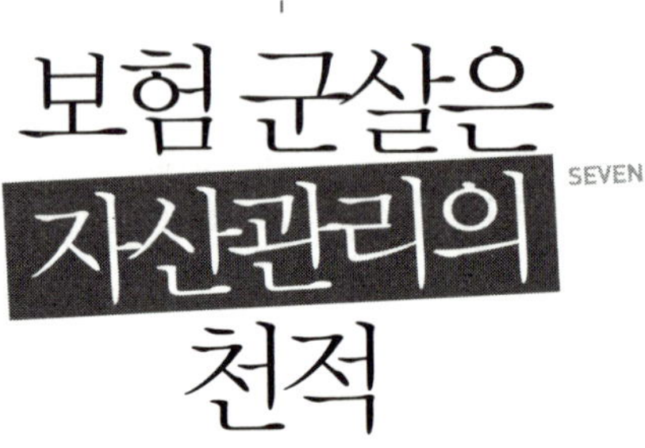

"**남**편 떠나고 혼자되니 너무 힘들었어요." "월 2만 원에 다 보장합니다." "아이를 보고 문득 인생의 무게가 느껴질 때…." TV를 켜면 이런 구구절절한 사연의 보험 CF가 판을 친다. 누구든 심란하게 마련이다. '나도 든든히 준비해야겠다' 는 생각이 불쑥 들고 눈앞에 가족들의 얼굴도 아른거린다.

이런 이유로 장롱 서랍에 하나둘 보험 증권이 쌓이게 된다. 그뿐인가. 친구나 친지로부터 보험에 들라는 권유를 수십 번씩 받는 것도 통과의례다. 못 이길 때도 많다. 그러다보면 어느덧 보험 보따리에 불룩하게 군살이 붙는다.

하지만 이야말로 장기 자산관리의 천적이다. 다른 투자처에 쓰일 종잣돈을 야금야금 까먹기 때문이다. 내 몸에 맞는 보험을 족집 게처럼 추리는 비결은 없을까.

보험 다이어트의 기본

필자의 친구는 2007년 가을 고민을 거듭하다가 결국 여섯 살짜리 딸 앞으로 들었던 A사 건강보험을 해지했다. 아내가 일찌감치 들어둔 B사의 어린이 보험이 있었던 데다, 주가가 한창 좋을 때여서 적립식 펀드로 돈을 돌리고 싶었기 때문이다. 원래 그는 보험설계사 친구의 간청에 못 이겨 3년 전 아내 몰래 계약을 했다. 하지만 납입 기간인 5년을 못 채워 보험료 170만 원 중 90만 원만 돌려받았다.

이와 닮은꼴 사례는 여기저기서 흔히 볼 수 있다. 중앙일보의 '재산 리모델링' 코너만 봐도 판박이 보험들을 정리해달라는 의뢰인들이 의외로 많은데 몇 가지 비결을 알아두면 보험 다이어트에 도움이 된다. 먼저 보장성 보험을 중심으로 비곗살 도려내는 법을 살펴보자.

제1계명은 보험상품의 신상명세를 꿰는 일이다. 일반사망과 질병진단 같은 굵직굵직한 보장은 생명보험 상품을 기둥으로 삼고, 입원 및 수술을 할 때 부족한 돈은, 실제 치료비를 보상하는 손해보험사의 실손형 민영 의료보험을 활용해야 보완 효과가 높다. iHAPPYi의 이택주 재무설계사는 "특히 뇌경색 보장을 놓고 논란

이 많은데, 이는 뇌출혈과 달리 대부분의 생명보험사에서 보장이 안 되는 만큼 손보사 특별약관을 활용하는 게 좋다"고 조언했다. 같은 뇌졸중이라도 혈관이 막히는 뇌경색인지, 현관이 터져서 피가 고이는 뇌출혈인지에 따라 보장이 달라진다는 사실을 알아두라.

제2계명은 한곳에 몰아넣는 기술이다. 푸르덴셜생명의 백찬현 라이프플래너는 "사망·재해·암 보험에 따로 가입하지 말라. 특약을 이용해 하나의 상품에 '맞춤형 설계'를 해야 보험료 낭비를 막는다"고 했다.

보험 군살을 빼는 제3계명은 위험 대상을 좁히는 것이다. 집안 내력을 훑어보자. 심장, 뇌혈관, 암 등과 관련한 특이 질병에 걸린 친지들이 있는지, 자신의 직업군에서 어떤 사고가 많이 나는지, 가입한 보험이 선진국형 질병을 많이 보장하는지 등을 따져보고 자신에게 맞는 상품을 이용하라는 소리다.

제4계명은 '분수 지키기'다. 전문가들은 보장성 보험료로 가족 총수입의 8~10퍼센트 수준을 유지하라고 권한다. 보장을 많이 받겠다는 욕심에 처음부터 많은 돈을 넣다가 감당하지 못해서 결국 해지하는 사람도 많다. 따라서 월급이 늘면 나중에 보장을 더 추가하는 편이 현명하다.

전문가들이 입을 모아 지적하는 또 한 가지 중요한 사항은 우선순위를 정하라는 것이다. 요즘엔 자녀 보험부터 챙기는 부모들이 많은데 유사시 가계에 가장 큰 영향을 미치는 가장, 배우자, 자녀 순으로 보험에 들어야 한다. 우리 집 의식주를 책임지는 경제 주체부터 보험에 드는 것이 마지막 제5계명이다.

연령별 보험의 기술

이제 대원칙을 파악했다면 구체적으로 보험 포트폴리오를 만들 차례다. 한 가지 기억해야 할 것은 보험이 시時테크라는 사실이다. '가장 좋은 보험은 한 살이라도 더 젊을 때 가입한 보험'이라는 말도 있다. 때문에 나이별로 보험 포트폴리오를 따져야 하는 것이다.

사회생활을 처음 하는 20대의 경우, 보장성 보험은 생보사의 종신보험과 손보사의 실손형 의료보험 두 개면 충분하다. 지갑 사정이 넉넉지 않은 만큼 납입 기간은 길게 잡는다. 그래야 보험료 부담을 최소화할 수 있다.

저축성 상품인 연금보험도 이때부터 시작하는 게 좋다. 평균 수명이 길어지면서 보험료 책정의 기준이 되는 '경험생명표'가 3년마다 바뀌기 때문이다. 이렇게 하면 연금액도 줄어든다. 연금을 지급받을 사람들이 점점 더 오래 살면서 보험사들도 대비를 하려 하기 때문이다.

다음으로 30~40대는 종신보험을 비롯해 질병과 노후에 대비한 보험 포트폴리오를 균형 있게 안고 가야 하는 시기다. 일단 비상시에도 가장의 소득을 유지한다는 차원에서 종신보험에 반드시 가입하되, 보험료가 신경 쓰인다면 정기특약을 통해 자녀의 독립 등 특정 기간까지만 짧게 보장을 받으면 부담을 줄일 수 있다.

이 연령대에 아직 연금에 발을 담그지 않았다면 다른 씀씀이를 줄여서라도 반드시 시작해야 한다. 50세부터 30만 원씩 종신 연금보험에 들면 65세부터 월 42만 원을 받지만(공시이율 연 4.9퍼센트 가정), 40세부터 연금을 시작하면 매달 93만 원을 받게 된다. 상당히 큰 차이라 할 수 있다.

50대는 노후를 앞둔 시기다. 보장성 보험을 중심으로 위험 대비에 차질이 없는지 틈새를 점검할 때다. 사실 55세가 넘어가면 대부분의 보험사에서 자신이 원하는 보장을 설계하기 어렵다. 억울하지만 보험사 입장에서는 그만큼 위험부담이 커지기 때문이다. 한국인이 80세까지 부담하는 의료비는 평균 7,734만 원인데, 60세 이후의 부담액이 56퍼센트에 이른다. 보험의 필요성이 절실해지는 시기다. 나이가 들더라도 70대 전후까지 가입할 수 있는 실버보험을 활용하면 치매, 중풍 및 장기 간병 등에 대응할 수 있다.

단, 웰리치 F&I의 김동균 팀장은 "실버보험이 아직은 초기 단계라 보장금액이 적고, 치매 등에 대한 통계자료가 부족해 보험사들이 중간에 보험료를 높일 수 있는 권한이 있다"고 지적했다. 2008년 7월부터는 65세 이상 노인이 치매나 뇌출혈 등으로 요양시설을 이용할 때, 본인이 20퍼센트만 부담하면 나머지는 국가가 건강보험에서 해결하는 노인장기요양보험이 실시되었다는 사실도 알아두자.

똑 소리 나는 가입자가 되라

보험처럼 관련 용어와 보장 내용이 복잡하고 어려운 상품도 없다. 어떻게 설계하느냐에 따라 상품의 모양새가 천차만별이다. 때문에 펀드 못지않게 불완전 판매에 따른 민원도 많다. 오죽하면 금융감독원이 '보험 가입 요령'이라는 보도자료를 시리즈로 만들어 뿌리겠는가.

특히 중복가입 문제에 관해서는 최근 손보사의 실손형 민영의료보험이 애물단지로 눈총을 받고 있다. 이름처럼 실제로 들어간 치료비만 보장하기 때문에 만약 치료비가 100만 원 들었고 보험을 세 개 들었다면, 모두 300만 원이 나오는 것이 아니라 각 보험사들이 100만 원을 나눠서 지급하게 된다. 즉 한 개만 가입하면 된다는 얘기다. 2008년 6월부터는 생명보험협회 홈페이지(www.klia.or.kr)와 손해보험협회 홈페이지(www.knia.or.kr)를 통해 실손형 상품의 중복가입 여부를 확인할 수 있다. 특히 금감원 보험계리실은 1년에서 5년 주기로 계약이 갱신되는 실손형 상품의 경우, 보험사가 위험관리 차원에서 갱신 거절 사유를 달고 있다며 이런 조항을 꼭 확인하라고 당부했다. 즉 누적 보험금이 1억 원을 초과하거나 암 진단을 확정받을 때 등에 한해 갱신이 되지 않을 수도 있다.

보험 가입 시에는 역공법도 써먹을 만하다. '다 보장된다'고 침 튀기는 보험설계사가 있다면 거꾸로 '보장이 되지 않는 부분은 뭐냐'고 따져 묻는 것이다. 푸르덴셜생명의 백찬현 플래너는 "대개 생보사는 뇌경색, 손보사는 임신·출산과 치질 치료가 보장되지 않는다"고 말했다.

갖가지 상품 중에서 알짜를 고르려면 보험소비자연맹 인터넷 사이트(www.kicf.org)를 이용하는 것도 좋다. 보험소비자연맹은 인기 상품인 변액연금보험을 평가해 순위를 발표하여 파장을 일으키기도 했다. 각 상품의 수익률 차이가 무려 18~73퍼센트까지 났는데, 보험사들은 주식형·채권형을 섞는 평가 기준에 문제가 있다고 반발하기도 했다.

보험료를 한 푼이라도 아낄 수 있는 팁도 몇 가지 있다. 보험료를 계좌에서 자동이체하거나, 흡연여부·혈압 같은 건강체크 항목에서 좋은 평가를 받을 경우 할인을 해주는 특약을 활용할 수 있다. 금감원 보험계리실은 "보험은 가장 간단한 상품의 약관도 책 한 권에 가깝다"며 "냉장고 살 때도 꼼꼼하게 따지는데 보험은 그냥 덥석 계약을 할 때가 많다. 가입자들이 반드시 약관을 읽어보고 질문을 많이 던져야 한다"고 충고했다.

금융감독원이 전하는 보험의 진실

Q. 변액보험은 보험료 100퍼센트를 펀드에 투자한다?
A. 일부만 투자한다. 이 사실을 모르는 사람이 의외로 많다. 투자원금은 '해약환급금 예시표(특별계정 투입금)'로 확인하라.

Q. 변액유니버설은 의무기간 이후 보험료 납입을 중지할 수 있다?
A. 가능하다. 그러나 사업비는 계속 인출된다. 재원이 부족하면 계약해지로 낭패를 본다

Q. 변액보험은 과거 수익률이 좋은 상품을 골라야 한다?
A. 수익률은 참고자료일 뿐이다. 과거에 성적이 좋았다고 미래에도 고수

익을 낼 것이라는 환상을 품으면 안 된다.

Q. 변액연금보험은 중도해지해도 원금이 보장된다?

A. 아니다. 최저적립금(원금의 70~130퍼센트)을 보증하는 상품이어도 중도해지 혹은 연금지급 직후 사망하면 원금보다 적은 환급금이나 연금을 받는다.

Q. 주가연동형보험이 유행이다. 중도해지해도 지수 변동에 따른 성과 이자를 받나?

A. 아니다. 지수가 올라도 미실현 이익이 된다. 따라서 최저보증이율(1~1.5퍼센트)만 받는다.

Q. 손보사의 실손형 의료보험은 가입만 해놓으면 신경 안 써도 되나?

A. 그렇지 않다. 1년에서 5년 주기로 보험계약이 갱신되는 상품은 누적 보험금이 1억 원을 초과하거나 암·뇌졸중·심근경색 등 3대 질병 진단을 받는 등의 거절 사유에 해당하면 갱신이 어렵다.

Q. 과거 병력이 있거나 지금 건강이 안 좋으면 보험 가입이 불가능하다?

A. 그렇지는 않다. 질병사망 보험금을 감액해 설계하거나, 특정 부위의 질병을 보장하지 않는 조건으로 가입할 수 있다. 거꾸로 '건강체 할인'을 활용할 수도 있다. 비흡연, 혈압수치 양호 등의 기준에 부합하면 보험료를 5~6퍼센트 깎아주는 특약도 있다.

Q. 암 보험 가입이 어려워졌다는데?

A. 암 발생이 증가하면서 보험 판매를 중지하는 회사가 많다. 판매를 해도 유방암, 갑상선암처럼 상대적으로 조기진단이 쉬운 일부 암은 보상 한도를 축소했다. 아울러 계약일로부터 일정 기간(예컨대 90일)이 경과한 뒤 보장이 시작되는 상품도 많으니 종류별 보장 내용과 책임 개시일을 확인하라.★

이번 금융위기의 여파로 주식이며 부동산 값이 심상치 않게 돌아가자 많은 사람들이 예금으로 눈길을 돌리고 있다. 반토막 펀드를 생각하면 그럴만도 하다. 모든 자산을 은행에 묻어두는 것은 별로 바람직하지 않지만 지금으로선 바람막이가 필요한 것도 사실이다. 2008년 초여름을 기준으로 보면 은행의 1년짜리 정기예금 금리는 연 5.5퍼센트 수준이었다. 이자소득세 15.4퍼센트를 내고 나면 이자율은 4.7퍼센트로 내려간다. 여기에서 감안할 것이 있다. 바로 이자 효과를 갉아먹는 인플레이션이다. 당시 물가는 4.9퍼센트가량 올랐으니 결국 실질금리는 -0.2퍼센트 수준이라는 얘기다. 앉아서 손해 보는 것은 은행 예금이라고 다르지 않다. 2008년 12월에는 한국은행이 기준금리를 파격적으로 연 1퍼센트포인트 내리면서 3퍼센트 금리 시대를 맞았고 뒤이어 시중은행들도 예금 금리 인하에 돌입했다. 이런 상황에서 확정금리 상품에 돈을 묻어두려면 고금리 상품을 찾는 동시에 절세 기술을 최대한 발휘하는 것이 중요하다.

알고 보면 절세는 투자라는 비단에 꽃을 얹는 행위다. 잘 모르면 덤으로 챙길 수 있는 알짜 돈을 떼이는 셈이 되고, 잘 알아두고서 요긴하게 써먹으면 제법 쏠쏠한 보너스가 된다. 특히 은행에서 활용할 수 있는 절세 상품의 혜택이 2009년부터 줄어들기 때문에 바뀌는 내용을 잘 알아두는 것이 좋다. 그나마 2009년부터 완전 폐지하기로 했다가 일몰 시한을 2년 늦춰서 2010년까지로 유지한 것이 다행이다.

구체적으로 살펴보면 먼저 '생계형 저축'이 있다. 이자소득세를 내지 않기 때문에 금리를 1퍼센트포인트 정도 높이는 효과가 있다. 지금까지 남자는 60세, 여자는 55세를 넘으면 1인당 3,000만 원까지 들 수 있었다. 다만 2009년부터는 남녀 모두 60세 이상으로 기준이 바뀌면서 혜택이 조금 줄었다. 생계형 저축은 별도 형식으로 상품이 나와 있는 것이 아니라 은행 창구를 찾아가 정기예금을 들 때 '생계형으로 해달라'고 말하면 된다.

다음은 '세금우대 저축'이다. 원래 주민세 포함 15.4퍼센트인 이자소득세를 9.5퍼센트만 물면 된다. 다만 1년 넘게 투자해야 혜택을 누릴 수 있다. 따라서 1년 안에 사용할 돈이라면 생계형 저축을 이용하고, 1년 이후에 꺼낼 자금이라면 세금우대 상품을 활용하는 것이 좋다. 이 상품은 그동안 보통 2,000만 원까지 들 수 있었고, 60세가 넘으면 6,000만 원까지 가입이 가능했다. 그러나 2009년부터 20세 이상은 1,000만 원, 노인과 장애인은 3,000만 원으로 가입 한도가 절반으로 줄어들었다.

신협과 새마을 금고에서 취급하는 '조합 예탁금'도 숨은 알짜 상품이다. 농특세 1.4퍼센트만 떼면 세금은 끝이다. 즉 금리가 연 6퍼센트라면 절세 효과로 6.5퍼센트의 수익률 효과를 누릴 수 있다는 것이다. 1인당 2,000만 원까지 들 수 있다.

위의 상품을 패키지로 묶어서 2009년 기준으로 '생계형(3,000만 원)+조합예탁금(2,000만 원)+세금우대(3,000만 원)'까지 최대 8,000만 원을 절세 전략에 쓸 수 있다. 부부가 각각 예금을 하면 1억 6,000만 원이며, 세금을 수십 만 원 줄일 수 있다.

FUND

part **03**

전설의 고수들을 만나다

펀드매니저와 통찰력

ONE

915명. 바로 한국의 펀드매니저 숫자다. 2008년 10월 기준으로 이들이 굴리는 돈은 모두 339조 원에 이른다. 펀드매니저들은 '자본시장의 꽃'으로 불리기도 한다. 이들의 손길 한 번에 천문학적 뭉칫돈이 불어났다 사라지고 수십, 수백만 명의 투자자가 울고 웃는다. 그러나 깊이 있는 내공으로 투자자들에게 보답하는 펀드매니저, 위기에 흔들리지 않고 중심을 잡는 매니저를 찾기란 쉽지 않다.

펀드매니저의 숫자만 봐도 짐작할 만하다. 2007년 6월에는 펀드매니저가 670여 명이었다. 한껏 부풀어오른 거품 장세를 등에 업고 짧은 시간에 36퍼센트가량 늘었다는 소리다. 갑자기 펀드 굴릴 사람을 대거 충원했다면 투자자들에게 어떤 과실이 돌아갈지 안 봐도 뻔하다.

2008년 가을 기준으로 41개 자산운용사의 펀드매니저 중에서 3년 안에 회사를 옮겼던 사람이 무려 61퍼센트에 달하는 것으로 조사됐다. 야전사령관인 매니저가 바뀌면 펀드가 불안해질 수 있다. 편입한 주식의 포트폴리오를 바꾸면서 불필요한 비용이 생기고 결국은 투자자에게 손해가 돌아간다.

사실 펀드를 고를 때 지역이나 상품 특징뿐 아니라 펀드매니저의 공신력을 따지는 것 또한 무엇보다 중요하다. 투자자들이 매니저의 됨됨이를 보고 돈을 투자한다면 운용사들도 스타 매니저를 키우는 데 공을 들이게 되고, 매니저들 역시 단기 성과에 연연하는 게 아니라 장기적인 안목에서 더욱 분발하려고 노력하게 될 것이다. 아직 한국의 투자 역사가 일천하다는 점에서 이런 펀드매니저들이 배출될 토양을 꾸준히 쌓는 일은 더욱 중요하다. 그 첫 단추를 끼우는 것은 물론 투자자 자신이다.

뛰어난 펀드매니저에게서는 돈 냄새 맡는 법뿐만 아니라 세상을 바라보는 통찰력까지 배울 수 있다. 그동안 필자가 만난 숱한 고수들 중에서 그렇게 인간적인 감동마저 자아내는 투자의 스승들을 소개한다.

봉천동 오피스텔에서 전설을 꿈꾸다

"**요**즘이요? 롯데삼강 같은 주식을 사고 있죠."

2008년 1월 말 주가가 조정을 받고 있을 때 필자는 오랜만에 30대 초반의 두 젊은이에게 전화를 걸었다. 그 둘은 VIP투자자문의 최준철(33), 김민국(33) 공동대표였다. 이들은 급락장 폭풍 속에서 기업 가치가 좋은데도 놀랄 만한 수준으로 떨어진 주식에 눈을 돌리고 있다고 말했다. 갑자기 큰 폭으로 조정을 받은 주가 때문에 시장은 심리적 공황 상태에 빠졌는데도 둘은 무척이나 여유로운 모습이었다.

물론 그들은 당시 주식을 비싸게 사는 우를 저질렀는지도 모른다. 당시 20만 원가량이던 롯데삼강 주가가 1년도 안 돼 14만 원대로 추락했기 때문이다.

하지만 그들은 여전히 견고하다. 아직 젊지만 이러한 위기가 처음도 아니다. 2001년 6월 서울대에 다니면서 투자 동아리에 몸담고 있을 때였다. 당시 친구들로부터 5,000만 원을 모아 펀드를 굴렸는데 불행하게도 석 달 뒤 9·11 테러가 터졌다. 곧바로 폭락장이 엄습해왔다. 그러나 둘은 평소에 눈여겨둔 가스며 식음료 관련 주식을 사들였다. 최준철 대표는 당시를 이렇게 회상했다. "상황이 얼마나 심각했던지 제3차 대전이 일어난다는 말까지 돌았어요. 하지만 저희 같은 가치투자자들은 극한 상황일수록 낙관론자로 변합니다."

그리고 2003년, 펀드를 청산할 때 수익률은 117퍼센트에 이르렀다. 둘은 2007년 초 중국이 긴축에 나선다는 소식으로 시장이 흔들렸을 때도 더 빠진 주식을 사고, 덜 빠진 종목을 팔면서 시장을 역이용했다.

물론 그들도 지금과 같은 급락장을 보면 마음이 흔들린다. 최 대표는 "고객 가운데 의사가 많은데, 거시경제 상황을 많이 고민하고 물어온다"고 말했다. 그럴 땐 "주식 대신 '기업'을 사고 판다"고 답을 해준다. 단기적인 주가에 휘둘리지 않는다는 의지가 엿보이는 말이다. 김민국 대표도 초록동색이었다. "사람들은 주가를 예측할 수 있다고 여깁니다. 또 추세를 따라야 한다고 생각하지요. 그러나 주가를 사는 게 아니라 기업 일부를 산다고 여기면 대중심리에 휘둘리지 않을 수 있습니다."

최준철 대표는 "개인 투자자들이 수익률 눈높이부터 낮춰야 희망의 단초를 찾을 수 있다"고 조언했다. 2007년의 불꽃 장세를 거치면서 투자자들의 기대 수익률이 한껏 부풀었던 것이 사실이다. 하기야 몇 개월 만에 투자한 돈이 50퍼센트 넘게 불어났으니 펀드를 거의 로또 복권처럼 생각하는 게 일반적일 정도였다. 그러나 이런 수익률 기대감이 환상을 키웠고 '좀 더 기다리면 나아지겠지.' '그래도 20~30퍼센트는 먹고 나가야지.' 하는 망상으로 이어져 결국 손절매 타이밍을 놓치게 만들었다.

최준철·김민국 대표는 "가치에 집중해 종목을 고르는 4단계 기법을 활용하라"고 권했다. 즉 아래와 같은 순서에 따라 투자를 결정하는 것이다.

1. A기업 제품이 얼마나 인기가 많은지 눈으로 확인한다.
2. 왜 그런지 가설을 세워본다.
3. 금감원 전자공시 사이트(http://dart.fss.or.kr)에서 실적을 확인한다.
4. 구매 여부를 결정한다.

필자가 그들을 처음 만난 것은 2002년이었다. 펀드에 도통한 대학생들이 있다고 해서 인터뷰를 자청했다. 이들은 처음부터 당찼다. 당시 서울대 경제학부 4학년이던 김민국 대표는 이렇게 말했다. "한국이라고 워렌 버핏이나 피터 린치처럼 존경받는 투자자가 나오지 말란 법은 없지요. 장차 한국적 가치투자를 이끈 전설로 남고 싶습니다."

그는 서울 관악구 봉천동의 작은 오피스텔에 책을 잔뜩 쌓아놓고 투자의 틀을 닦아나가고 있었다. "기업의 사업 전망을 중시하는 가치투자를 통해 꽃과 잡초를 골라내는 것이 저희의 첫 번째 투자 원칙입니다." 즉 장차 매출과 수익 전망이 밝은데도 당장은 주가가 낮은 기업을 적극 발굴해서 오랫동안 품고 있으면 결국 황금알로 변한다는 지론이었다. 당시 굴리던 펀드 이름을 'VIP Value Investment Pioneer'라고 붙인 것도 '가치투자는 미국에나 맞는 것'이라는 편견을 깨고 새 영역을 개척하겠다는 포부 때문이었다.

그들이 노른자위를 골라내는 법은 흥미로웠다. 예를 들어 당시 김민국 대표는 봉제의복업체 '한섬'에 주목하고서 이런 궁금증을 품었다. '덩치 큰 의류 회사들도 장사가 안 돼 쓰러지는데, 유독 한섬의 자기자본이익률(ROE, 순이익을 자기자본으로 나눈 값)이 27퍼센트대를 유지하는 비결은 뭘까?' 찬찬히 뜯어보니 내막을 알 수 있었다. 한섬은 하청을 통한 생산법을 이용해 공장 건설을 포함한 투자비 부담을 줄였고, 제품 기획력이나 브랜드 및 디자인 파워가 탁월했다. 당시 그는 한섬을 "단순한 옷 장사 기업이 아니라 '문화 상품'이라는 부가가치를 창출하는 회사"라고 평가했다. 한섬 주가는 2006년까지 파죽지세로 올랐고 이후 하락세로 돌아섰다.

이들은 콜라를 마시다가 투자 결심을 했다는 워렌 버핏과도 같이 '생활의 발견'을 통한 투자 방법을 선호한다. 웅진코웨이며 신영와코루 같은 종목을 사들일 땐 주위에서 많은 사람들이 이용한다는 사실에 먼저 주목하고서 재무제표를 검증한 뒤 투자를 결정했다.

무엇보다 이들은 '한 건 해야겠다'는 태도와는 거리가 멀다. 김민국 대표만 해도 200권이 넘는 관련 서적을 탐독하며 찬찬히 공력을 다졌다. "대학교 1학년 때였던 1997년에 과외비를 모아서 평소 관심 있던 주식에 멋모르고 손을 댔죠. 그때 실패하고 나서부터 가치투자에 관심을 가지게 되었어요." 주식에 매달리는 아들을 보며 부모님은 '패가망신하기 딱 좋다'며 말렸지만 김민국 대표는 이미 갈 길을 정한 뒤였다. 그는 2002년 인터뷰에서 "장차 사람들이 재미있게 투자할 수 있는 교육용 콘텐츠를 만들고 싶다"는 포부도 밝혔다. "주가차트만 뚫어져라 쳐다보면서 세력들의 뒤꽁무니를 쫓아다녀봐야 말짱 헛일 아닌가요."

그리고 2008년 위기의 시대, 세월은 흘렀지만 두 젊은이의 세상 보는 눈은 여전히 당차며 희망에 차 있다.

10년을 바라보는 뚝심 있는 고수

맹호복초猛虎伏草라는 말이 있다. 호랑이가 풀밭에 엎드려 있다는 말이다. 기회가 오면 호랑이는 여지없이 먹이를 낚아챈다. 영웅은 언젠가 세상에 진가를 드러낸다고 했던가. 펀드매니저 세상에도 이런 영웅적인 인물이 존재한다.

바로 한국밸류자산운용의 이채원 부사장(43)이 입 모아 고수 대접을 받는 그런 사람이다. 이번 금융위기가 한창이던 2008년 11월 초, 그는 투자자들에게 사과 편지를 보냈다. 석 달간 수익률이 -23퍼센트를 넘어 코스피지수보다 부진했으니 책임을 면하기 어렵다는 이실직고였다. 그는 "달게 질책을 받고 앞으로는 같은 실패를 반복하지 않겠다"는 다짐도 덧붙였다. 그러면서 시장의 공포가 가

시려면 시간이 걸리겠지만 가치투자자에게는 이런 시간이 곧 기회가 될 거라는 희망도 전했다. 웬만한 시장의 리더들이 굳게 입 다물고 있는 상황에서 그의 말은 많은 투자자들에게 한 줄기 격려가 되었다. 투자자들과 함께 호흡하려는 이 부사장의 됨됨이는 운용보고서만 봐도 알 수 있다. 남들이 별 내용 없는 몇 장짜리 보고서를 발송할 때 그는 수십 쪽짜리 보고서를 통해 왜 그런 주식을 사고팔았는지 시시콜콜하게 설명한다.

하지만 이 부사장도 시련의 계절이 있었다. 이 부사장은 1999년 동원투신에서 일할 때 가치투자를 표방하는 '밸류 1호'라는 펀드를 탄생시켰다. 이 펀드는 그야말로 훨훨 날았다. 그해 상반기부터 연말까지 수익률이 87퍼센트에 달했다. 코스피의 상승률 50퍼센트와 비교해도 실로 눈부신 성적표였다.

그런데 기간별로 따져보면 6~7월의 수익률은 120퍼센트에 이르렀다. 다시 말해 하반기로 가면서 손해를 많이 봤다는 소리였다. 그 바람에 중간에 펀드에 가입한 투자자들은 오히려 돈을 잃었다. 이 부사장은 롯데칠성이며 농심, 태평양 같은 가치주들을 많이 샀지만 시장의 유행은 뭐니뭐니 해도 '닷컴주'였고 새롬기술과 KT 같은 종목이 스타로 떠올랐다. 결국 그의 펀드에서 돈이 빠져나가기 시작했고 주가하락과 환매가 반복되는 악순환 속에서 이 부사장은 병까지 얻었다.

견디다 못한 그는 2000년 초에 결국 매니저 자리에서 잠시 물러나기로 했다. "뭘 잘못했는지 반성도 많이 했습니다. 이후 6년간 회사 자금을 운용하다가 2006년에 다시 복귀해서 '10년 투자 편드' 를 만들었지요."

그가 만든 10년 투자 펀드는 이름답게 장기 가치투자를 지향한
다. 은행 이자보다 조금 높은 수익률을 목표로 하고 10년 동안이
나 돈을 묻어두는, 어찌 보면 답답한 펀드인데도 시장의 반응은 예
상 외였다. 많은 자산운용사 사장들이 '내 돈을 넣고 싶은 펀드' 로
꼽을 만큼 의미 있는 상품으로 자리하고 있다.

재미있는 것은 이 부사장도 처음부터 '진중한 과' 는 아니었다는
사실이다. 1988년, 중앙대 경영학과를 졸업한 이 부사장은 전공을
살리려고 동원증권에 입사했다. 그러나 그는 전형적인 주식 브로
커였다. 당시 지점에서 원금의 2.5배씩 미수거래를 해서 샀다 팔
았다를 반복했다. 처음 2년간은 기업 가치 대신에 차트를 보면서
주식을 권하는 기술적 분석에 치중했다.

그러다가 동경 사무소에서 2년간 근무하게 되면서 그의 세상관
은 송두리째 바뀌었다. "피델리티처럼 유수한 회사의 펀드매니저
들도 노트북에 10년치 자료를 넣고 다니면서 하루에 기업을 일곱
군데씩 탐방하더라고요. 한마디로 충격을 받았습니다." 정신이 퍼
뜩 든 그는 그때부터 손에서 책을 놓지 않았다. 일본에서 투자의
고전들을 수십여 권씩 읽으며 투자관의 기틀을 다져나갔다.

여기에서 얻을 수 있는 교훈은 뭘까. 먼저 아무리 날고 기는 고
수라도 얼마든지 손해를 볼 수 있다는 점이다. 이 부사장이 닷컴
버블 때의 실패를 자책하기만 하고 성찰의 계기로 삼지 않았다면
오늘날의 그도 없었을 것이다. 또 한 가지는 위기를 기회로 삼는
역발상이다. 차트를 보면서 시장의 유행을 좇아다녔던 이 부사장

이 변신한 것은 정도를 따랐기 때문이다. 차트를 죄악시하라는 것이 아니라 투자의 기본이 무엇인지 되새김으로써 보다 나은 길을 걸을 수 있다는 소리다.

"10년 투자 펀드의 포트폴리오엔 잘 나가는 주식이 없습니다." 이 무슨 뚱딴지같은 소리인가. 어떤 펀드매니저건 껑충껑충 뛰는 주식을 품고 싶어 하는 것이 아닐까. 하지만 이 부사장은 "돈 버는 실력으로 보나 회사의 됨됨이로 보나 A주식 안에 숨어 있는 가치가 원래 10만 원인데 주식시장에서 5만 원에 거래된다면 주저 없이 사야 한다"고 강조했다. 지금 당장 잘나가는 주식은 쳐다보지 않는다는 뜻이다. 대신에 내재가치가 좋은데도 헐값에 거래되는 주식을 사서, 그 가치가 빛을 발할 때까지 기다리는 것이 결국 최후의 승자가 되는 비결이다.

그는 투자자들이 생각하는 우량주의 개념부터 바꿔야 한다고 조언했다. "옛날엔 덩치가 크면 우량주였지요. 지금은 '충격 내성'이 잣대입니다." 이를테면 중국의 성장세가 주춤하면 국내에도 덩달아 휘청거릴 기업들이 많다. 지금의 금융위기에 비추어 봐도 맞아떨어지는 분석이다.

이 부사장은 "서너 해 전만 해도 주가수익비율PER이 낮아서 저평가된 기업이 많았고, 앉아서 좋은 주식을 주을 수 있었다"고 말했다. 하지만 그동안 주가가 많이 올라 종목 발굴도 어려워졌다. 그래서 이제는 양보다 질을 많이 본다. 즉 비즈니스 모델이나 지배구조, 경영자 능력처럼 숫자 뒤에 숨은 기업의 참모습을 중시한다는 소리다. 도산 기업이 늘어나고 주가가 휘청거리는 요즘에 더욱 꼼꼼하게 봐야 할 지표들이다. 이제는 수익률 올리는 문제를 넘어서 살아남는 기업과 주식을 발굴하지 않으면 공멸하게 생겼기 때문이다.

"저도 열 종목을 사면 한두 개 종목은 실패합니다. 주식투자를 속된 말로 '노가다' 라 하지요. 열 시간 분석하면 수익률이 1퍼센트 더 좋아집니다." 문을 열고 나서는 필자에게 이 부사장이 던진 말에는 우스갯소리 이상의 강력한 메시지가 담겨 있었다.

딸기아빠의 왕딸기 투자 비결

FOUR

10만 명을 넘는 투자자들은 그를 기꺼이 '사부'로 부른다. 두 딸을 둬서 '딸기아빠'란 예명으로 더 유명한 사람. 바로 우리투자증권 용산지점의 김종석 부장(40)으로, 포털사이트 네이버의 손꼽히는 재테크 카페 주인장이기도 하다. 2007년 봄에 5만 명이던 회원은 1년 반 만에 10만 명 이상으로 불었다. 주가상승 바람과 함께 제도권과 사이버 공간을 넘나들며 10년간 닦은 김 부장의 재테크 비기秘器가 입소문을 탄 덕분이다. 꾼을 자처하는 증권맨이나 재테크 기자도 그의 얘기 보따리를 흘깃거리면서 참고할 때가 많다. 시의적절하면서도 속이 꽉 찬 알토란 조언이 돈을 굴리는 데 적지 않은 도움이 되기 때문이다. 필자는 10만 명 넘는 투자자를 사로잡은 '왕딸기 농사법'을 들어보려고 2008년 봄 그의 사무실을 방문했다. 인터넷 스타답게 책상 옆 벽에는 그를 다룬 기사의 스크랩이 즐비했다.

주가가 조정을 받은 뒤 회복하던 무렵이어서인지 그의 표정은 밝은 편이었다. "그동안 얼마나 괴롭던지 한강 생각도 나고, 술 생각도 굴뚝 같았습니다." 김 부장은 고객 수익률이 땅에 떨어지는 통에 진화 작업에 진땀을 흘렸다고 했다. 솔직담백하고 겸손한 그의 성격을 생각하면 얼마나 괴로워했을지 이해가 갔다. "2001년의 9·11 테러 때도 힘들었는데, 이번보다 어렵지는 않았어요. 이런 장은 처음이라 저도 당황스럽습니다." 그나마 당시는 연초의 저점보다 20퍼센트 넘게 올라서 한숨을 돌리던 참이었다. 주가는 그 후 다시 급락세를 면치 못했고 딸기아빠의 낯빛도 다시 잿빛으로 바뀔 수밖에 없었다. 같은 해 가을에 다시 김종석 부장과 인터넷 메신저로 대화를 나누었는데 "고객 한 분이 '김 부장, 나쁜 마음먹지 말고 꿋꿋하게 버텨야 해'라고 말해서 기분이 묘했다"며 허허 웃었다. 금융회사 종사자와 투자자들이 손실을 비관해 세상을 등지는 일들이 연쇄적으로 일어나던 참이라 고객은 김 부장을 위로하려 했던 것이다. 주가는 투자자들을 외면했을지 몰라도, 투자자들은 딸기아빠를 저버리지 않았다. 기본기에 천착하는 그의 성실한 조언 때문이다.

대표적인 것이 '이름표 투자론'이다. 딸기아빠는 투자 상담을 할 때 "이름표부터 달라"고 두 번 세 번 강조한다. 집 사는 데 쓸 돈인지, 자녀 학자금인지, 노후 자금인지 못을 박아두라는 것이다.

그는 다음과 같은 질문을 가장 많이 받는다고 한다. "적금을 찾는데 목돈을 어떤 종목에 넣을까요." "여윳돈 5,000만 원을 1년간 굴릴 펀드를 골라주세요." 딸기아빠는 재테크에 있어 이런 우문愚問이 없다고 말한다. 목표가 흐릿하다는 것이다. 이러면 '투자의 계절'을 정확하게 파악하는 데 실패하고 결국 일간 예보에 휘둘리다 우왕좌왕하며 손실을 키운다. 그는 "돈이 궁할수록 목표가 뚜렷한 재무설계식 접근이 필요하다"고 강조했다.

'승자 선택의 오류'도 비슷한 맥락에서 볼 수 있다. "이미 물이 한창 오른 펀드에 씨를 뿌렸다가 뒷덜미를 잡힌 사례가 많아요." 이는 통계로도 입증됐다. "지난 8년간 22개국 증시를 대상으로 투자했다고 해봅시다. 투자하기 직전 연도의 수익률이 좋은 국가에 돈을 넣을 경우 누적 수익률이 197퍼센트였어요. 그런데 주가가 조정을 겪는 곳은 성적이 903퍼센트에 달했습니다." 다시 말해 패자에 투자하는 역발상이 먹힐 수도 있다는 얘기다. 2007년에 기세를 부린 유행성 투자의 위험을 경고한 말이기도 하다.

내친 김에 그에게 좋은 펀드 고르는 법을 알려달라고 했다. 펀드가 필수품이 됐지만 아직도 많은 투자자들은 귀동냥에 의존해 선뜻 돈을 맡기고는 한다. 만약 시장을 꿰뚫어보는 천리안을 갖지 못했다면 "일단 규모가 큰 펀드를 고르라"는 것이 딸기아빠의 펀드 선택 제1계명이다. 펀드가 1만 개에 이를 정도로 홍수를 이루니 자산운용사들은 이를 관리하기도 벅차다. "자투리 펀드는 새내기 펀드매니저에게 연습용으로 맡길 때가 있습니다. 따라서 설정액이 1,000억 원 이상인 펀드를 고르고, 200억 이하인 펀드는 피하는 것이 좋아요." 이런 원칙에 더해 그는 베스트셀러 펀드에 중점을 두라고 권했다. 여러 판매사에서 취급하는 펀드는 검증됐을 확률이 크다는 소리다. 나아가 덩치가 큰 회사의 펀드도 상대적으로 우수할 수 있다. "현재 등록된 자산운용사만 70개에 이릅니다. 운용사가 크면 대량 주문을 통해 비용을 줄일 수 있고, 시장 흐름을 주도할 수도 있어요." 여기에 내공을 인정받은 펀드매니저가 굴리는 상품이라면 금상첨화일 것이다. 물론 이런 펀드들이라고 약세장 속에서 플러스 수익을 올린다고 보장하지는 못한다. 그러나 조건이 똑같다면 상대적으로 기본 체력이 더 뛰어나다고 볼 수 있다.

딸기아빠가 내세우는 또 다른 기본은 '분산'이다. 사실 이 단어는 은행이건 증권사건 워낙 많은 곳에서 내뱉은 말이다. 또한 아무리 여러 곳에 분산을 했더라도 2008년 같은 무차별 융단폭격 장세에서는 대부분의 펀드가 쑥대밭을 면치 못했다.

그러나 투자에 발을 담그겠다고 작정한 이상, 분산은 옆구리에 꼭 끼고 다녀야 할 무기이다. 딸기아빠는 이를 '엘리베이터 버팀줄'에 비유한다. 예컨대 브릭스 펀드는 네 개 나라에 투자하는, 즉 네 개의 안전 줄이 달린 엘리베이터이지만 중국펀드는 한 개의 줄에 위태롭게 의존하는 상품이다. 국내펀드도 마찬가지다. 2008년의 약세장 속에서도 그나마 삼성그룹주라는 테마에 투자하는 펀드들이 선방을 했는데 정통 주식형 펀드에만 자산을 편입한 경우 이런 이익을 누리지 못했다. "소금 장수 형은 해가 뜰 때, 우산 장수 동생은 비가 올 때 돈을 벌었지요. 하지만 둘이 한 집에서 살았다면 가족은 매일 돈을 번 셈 아닙니까."

워낙 투자자들의 손실이 심하니 그가 일하는 지점이며 운영하는 재테크 카페에도 환매 문의가 잦다. 딸기아빠도 딱 부러지는 답을 내놓지는 못한다. 저마다 수익률이 다르고 자금 사정도 다르기 때문이다. 일단 '시간의 힘'을 방패로 삼되, 시장이 어디로 튈지 모르는 상황인 만큼 현금과 금, 국공채 같은 안전자산 쪽으로 눈길을 주라고 답을 한다.

딸기아빠가 사이버 공간에서 투자자들과 의사소통을 시작하게 된 것은 '정보의 비대칭성' 때문이었다. 조선대를 졸업하고 1995년 우리투자증권에 입사한 딸기아빠는 1997년부터 사이버 공간에 둥지를 틀었다. 당시 증권사들은 리서치 자료를 고객에게 제대로 제공하지 않았다. "법인 영업팀이 기관투자가들에게 먼저 보여주고, 다음날 행낭으로 객장에 비치하는 느림보 시스템이었지요." 일반 투자자들은 수익률 면에서 뒤질 수밖에 없었다.

딸기아빠는 최대한 정보를 빨리 공유하는 방법으로 사이버 세상을 눈여겨보았다. "처음에는 PC통신으로 시작하다가 홈페이지 만드는 법을 익혀 사이트를 직접 만들었어요. 2005년부터 펀드 바람이 불면서 회원수가 크게 느는 바람에 관리가 어려워져 지금 카페로 옮겼고요." 회원이 늘수록 콘텐츠는 꼬리에 꼬리를 물고 점점 자가발전을 하고 있다. 실제로 그의 사이트에 올라온 글을 읽어보면 재야의 숨은 고수들을 많이 만날 수 있다.

물론 조심할 점도 많다. "일부 재테크 카페나 사이트가 영업을 위해 변칙적으로 활용되는 사례도 있어요. 오프라인 모임을 가장해서 보험을 팔다가 산통이 깨진 카페도 여럿이고요." 결국 정보에 뒤지지 않고 실제로 돈도 벌려면 인터넷 카페며 증권사 지점을 동시에 들락거리며 나름의 시장관을 세우는 것이 첩경이라고 딸기 아빠는 강조했다. "1퍼센트 금리 차이에도 민감하게 반응하고 발품을 팔아서 끝내 그 차이를 자기 것으로 만들어야 합니다. 이게 제가 관찰한 1급 부자들의 습성이에요."

'1급 부자의' 사이버 보물창고

딸기아빠가 깨소금 정보를 입수하는 곳은 어딜까. 보물창고를 캐묻자 그는 자산운용협회 홈페이지 (www.amak.or.kr)라고 했다. 너무 평범한 답이었다. "다양한 펀드 기사가 매일 스캔돼서 올라옵니다. 다만 하루도 거르지 않고 꾸준히 체화하는 게 중요하지요." 뭐니뭐니 해도 기본기가 으뜸이라는 말에 색다른 답변을 기대한 필자의 얼굴이 붉어졌다.

사실 투자는 시장의 '수', 즉 움직임을 읽는 데서 승부가 판가름 난다. 수를 꿰뚫으려면 기본 정보가 풍부해야 한다. 딸기아빠가 추천한 자산운용협회 코너는 일반 포털사이트와 달리 펀드 기사들이 어떤 지면에 얼마나 비중 있는 내용으로 실렸는지 한눈에 흐름을 꿸 수 있다.

하루 종일 단말기 볼 시간이 없고 평소 정보에 어둡다면 'Fn가이드 (www.fnguide.com)' 가 그만이다. 증권사 애널리스트들이 쏟아내는 각종 종목과 투자전략, 거시경제 보고서가 뷔페 메뉴처럼 실려 있다. 예컨대 한창 뜨고 있는 삼성전자 주식에 대한 증권사의 미묘한 시각 차라든가, 안개에 가린 중국펀드의 자금 흐름 등을 이모저모 뜯어볼 수 있다. 다만 유료인 게 흠이다. 여러 메뉴 중 리서치 서비스만 이용해도 30만 원이나 든다.

펀드와 관련해서는 제로인의 펀드닥터 (www.funddoctor.co.kr)를 꼽을 만하다. '국내외 Top 펀드'를 수익률 순으로 공개해 성적이 좋은 상품을 쉽게 찾을 수 있다. '펀드 분석' 코너에선 요즘 인기 있는 국내외 펀드의 투자 스타일과 성적표 등을 그래프와 함께 일목요연하게 보여주며, '펀드야 놀자'는 중앙일보에 연재 중인 최상길 전무의 실속 있는 칼럼을 소개한다. 한국펀드평가의 펀드존(www.fundzone.co.kr)은 여러 펀드의 수익률 및 수수료를 한 눈에 비교할 수 있는 기능이 돋보인다. 노후자금 필요액과 부족분, 펀드 구성 등을 시뮬레이션해 보는 코너도 있다. 이도저도 귀찮고 가입한 펀드 수익률만 알고 싶다면 네이버의 펀드 계산기를 사용해도 된다. 가입 날짜를 입력하면 수익률이 나온다.★

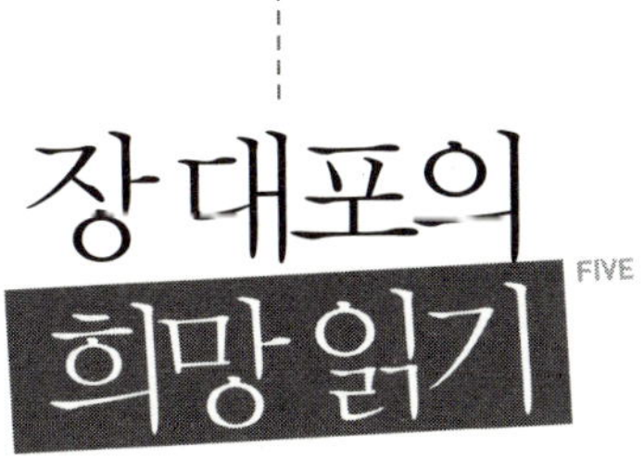

그의 명함엔 '펀드매니저' 다섯 글자가 선명하게 새겨져 있다. 장인환 KTB자산운용 사장. 명색이 최고경영자이지만, 그는 명함이 보여주듯 평생 현역을 자임한다. 필자는 이따금 투자 기상도나 시황 그림이 잘 안 그려질 때면 그의 전화번호를 누른다. 그럴 때면 원고를 미리 준비하기라도 한 것처럼 속사포처럼 튀어나오는 경제관이며 주가 풀이가 명쾌하기 이를 데 없다.

사실 장 사장은 여의도의 '스타 매니저' 중 한 명으로, 그의 이름을 언급할 때 감초처럼 등장하는 게 '바이 코리아' 펀드다. 현대투자신탁에서 외환위기 무렵에 내놓았던 상품으로, 웬만한 투자자들은 한번쯤 이름을 들어봤을 것이다. 바로 장 사장이 바이 코리아 펀드를 총괄했던 야전 사령관이었다. 1997~1999년까지 투자자들이 이 펀드에 넣은 20조 원 중에서 3조원의 뭉칫돈이 그의 손에서 움직였다. 물론 바이 코리아 펀드는 1999년 이후 정보기술IT 거품이 꺼지면서 투자자금이 한꺼번에 빠져나가 시장에 큰 혼란을 주기도 했다.

그리고 2007년, 장 사장은 '마켓스타'라는 주식형 펀드로 인기몰이를 하면서 다시 한 번 이름을 떨쳤다. 주가가 천정부지로 치솟은 2007년 가을까지 이 펀드는 1조 원 가까운 돈을 끌어 모으며 미래에셋의 아성을 깨고 설정액 1위에 등극했고 그에게 '진공청소기'라는 근사한 별명도 선사했다.

장 사장은 1985년 삼성생명 입사를 시작으로 금융가에 뛰어들었다. 그의 운명이 바뀐 것은 1987년 동원증권에 입사하면서였다. 1980년대 중반은 '증권사에 들어간다'고 말하면 '장가가긴 틀렸다'는 핀잔을 듣던 때였다. 그러나 장 사장은 보통 사람들과는 다른 그림을 보았다. 한국 경제의 덩치가 커지면서 자본시장이 무럭무럭 자랄 것으로 확신한 것이다.

당시 좋은 직장으로 손꼽히던 삼성생명에 비해 동원증권은 작은 회사였다. 박현주 미래에셋 회장도 그와 비슷한 시기 같은 회사에 둥지를 틀었으니, 장차 대한민국 투자시장에서 이름을 빛낼 스타들이 한 곳에서 출사표를 던진 셈이다. 사실 두 사람은 고등학교 동창인 데다가 외환위기 암운이 짙어가던 1997년에 함께 회사를 나온 것도 닮은꼴이다. 이후 박 회장은 미래에셋 창업에, 장 사장은 KTB자산운용 창립에 공을 세웠다.

그의 펀드매니저 인생은 벤처캐피탈인 KTB네트워크가 1999년 민영화되면서 다시 전기를 맞았다. KTB를 인수한 권성문 대표가 장 사장을 찾아와 "같이 한번 일해보자"고 제안했다. 장 사장의 실력만 보고 일면식도 없던 그에게 손을 내민 것이다. 펀드매니저 때 쌓은 내공은 경영자로 변신한 뒤에도 빛을 발했다.

마켓스타 펀드가 위력을 발휘하던 2007년 당시 장 사장은 필자와 전화를 하면서 "테마 펀드의 유행에 휩쓸리지 않고 정통형 펀드로 블루칩 주식에 승부를 걸었던 것이 좋은 반응을 얻었다"고 겸손하게 이야기했다. "한국 투자자들이 유행을 따라가기 좋아해 테마 펀드를 내놓으면 마케팅하기에 좋아요. 하지만 이런 펀드는 많이 만들면 안 되죠."

그는 약점도 솔직하게 고백했다. "주가 변화에 능동적으로 대응하는 전략을 썼어요. 그러니 주식매매 회전율도 높을 수밖에 없지요. 하지만 그게 우리 펀드의 색깔입니다." 장 사장은 투자자들이 2~3퍼센트대의 높은 수수료를 내는 만큼 신경을 곤두세우고 열심히 주식을 매매해 수익을 돌려줘야 한다는 소신을 갖고 있었다.

물론 결과만 본다면 마켓스타 펀드도 금융위기의 해일을 피해갈 순 없었다. 하지만 바이 코리아로 산전수전을 다 겪었기 때문일까. 장 사장은 희망의 끈을 놓지 않았다. 주가가 한창 떨어지던 2008년 봄. 다시 그와 얘기를 나눴을 때였다.

"기업들의 자산가치로 볼 때 현재 주가는 쌉니다. 물론 앞으로 1년간 주가는 들쭉날쭉 크게 요동칠 겁니다. 하지만 1년이 안 돼 찾아 쓸 돈이라면 몰라도 2~3년 이상을 본다면 펀드 환매가 능사는 아닙니다." 그가 단순히 운용사의 사장이어서 말을 한 것은 아니었다. 바이 코리아 때의 경험이 있기 때문이었다. "1999년에 주가는 1000포인트 시대를 맞았어요. 그러다 주가가 떨어지기 시작했고, 초기에 빠져 나간 투자자들은 수익을 지킬 수 있었습니다. 하지만 이후 주가가 500포인트까지 밀리면서 뒤늦게 투매에 휩쓸린 사람들은 낭패를 면치 못했습니다."

물론 2008년 봄이 지난 뒤에도 주가는 추풍낙엽 신세를 면치 못했다. 주가가 1600포인트에서 1000포인트 아래로 밀렸으니 차라리 봄에 환매하는 게 나았을 것이라고 땅을 치는 투자자들도 많았을 것이다.

하지만 장 사장은 확고하다. 길게 보고 묻어둔 돈이라면 고통스러워도 참는 게 결국 득이 된다는 소신이다. 특히 그는 '주식 보유의 기회비용'을 이야기한다. 만약 지금 예금 금리가 높은 반면 주식은 1~2년 안에 가망이 없어 보인다고 하자. 이런데도 주식을 들고 있다면 큰 기회비용을 물게 되는 게 아닐까? 하지만 실제로 금융위기 때문에 각국은 돈 풀기에 혈안이 돼 있다. 특히 금리를 내려서 돈의 공급을 늘리려 한다. "초저금리가 도래했으니 주식 보유의 기회비용은 크지 않다"는 것이 장 사장의 논리다.

증권가에서 그는 '장 대포'라는 별명으로 불린다. 하루 5,000억 원씩 매매 주문을 내면서 시장에 큰 영향력을 행사하던 바이 코리아 시절에 붙은 별칭이다. "삼성전자가 앞으로 30만 원까지 오를 수 있다고 생각한다면 지금은 10만 원이든 17만 원이든 중요치 않다고 생각했어요. '오른다'는 큰 흐름에 주목했지요."

장 사장은 이런 원칙에 따라 자잘한 하루하루의 주가 흐름에 얽매이지 않는 매매 주문을 내면서 통이 크다는 평가를 받았다. 전쟁 같은 투자판에서 대포알 같은 의사결정은 확실히 효과를 보았다. 현대중공업이 3만~4만 원일 때 매수해서 50만원이 넘을 때 팔았던 것도 이런 선구안이 뒷받침된 작품이었다.

하지만 장 사장은 공격적인 대포만으로는 충분하지 않다고 말한다. "사실 펀드매니저는 큰 산도 봐야 하지만, 냉혹할 정도로 예민해야 투자자들에게 수익을 돌려줄 수 있거든요." 그는 펀드매니저의 덕목으로 타고난 '끼'를 꼽았다. 요즘 주식시장 같은 롤러코스터 장세에서는 마음의 평정심을 찾는 것이 중요하며, 그런 게 바로 '끼'라는 것이다. "제가 성장형 주식에 많이 투자하는 것으로 알려졌지만 사실 시장에 역행하는 투자를 많이 했습니다. 쏠림을 거슬러 올라가려는 노력이 좋은 수익률의 바탕이었지요."

그는 투자자들이 자산운용사의 의사결정 체계도 눈여겨봐야 한다고 조언했다. "현장에서 직접 매매하는 펀드매니저들은 아무래도 주관이 뚜렷할 때가 많습니다. 저는 주식 주문은 매니저들에게 일임하되 투자전략가로서 이런저런 리스크를 경고해줄 때가 많은데 이게 오판 가능성을 줄여줍니다." 그렇기에 균형 잡힌 매매 시스템이 자리 잡혀 있는지를 따져봐야 한다는 것이다.

이 글을 쓰면서 장 사장에게 '희망'을 읽을 수 있겠느냐고 물어보았다. 그는 "한국의 대표 산업들이 어렵다지만 이를 뚫고 나갈 만한 신산업들이 나오리라 본다"고 답했다. 1998년에는 IT과 게임산업이 출현해 세계적 회사를 배출하며 경제와 시장에 활력소가 됐다. 2000년대 중반 이후의 증권업이나 조선·철강도 마찬가지였다. 마찬가지로 이번 위기를 타개하려면 기존의 산업과 다른 새로운 돌파구가 마련돼야 한다는 소리다.

"20년 넘게 펀드매니저 생활을 하면서 얻은 감입니다. 특히 한국인들은 창의적이고 순발력이 있어 이런 시류에 잘 적응할 겁니다." 여전한 그의 목소리에서는 장 대포다운 배포가 묻어나왔다.

주식운용본부의 치열한 24시

SIX

모두가 시장을 이기려 하지만 정작 승자는 별로 없다. '투자'라는 괴물을 쉽게 생각했다가 큰 코 다친 채 한 발짝 물러난 사람들이 부지기수다. 그러나 풀이 죽어 있는 것도 잠시뿐, 남들이 수억 원씩 벌었다는 소리를 들으면 다시 회가 동한다. '이번엔 다를 거야'라는 근거 없는 자기확신을 하는 것이다. 필자 또한 예전에는 그랬다. 단기적으로 시장을 주시하다가 '찬스다.' 생각하고 직접투자에 뛰어 들면 20~30퍼센트쯤의 수익률은 우습게 올렸다. 그러나 하루 종일 시장을 들여다보기란 쉽지 않다. 전문가가 아닌 이상 시장과의 싸움에서 기본적으로 한 수 접고 들어갈 수밖에 없다는 말이다. 물론 프로 투자가들 역시 시장을 마음대로 호령하지는 못한다. 펀드매니저들이 악전고투하는 모습을 보면 투자로 돈 벌기가 얼마나 힘든지 새삼 반성하게 되고 내 펀드가 어떻게 굴러가는지, 나의 투자 일지는 어찌 가다듬어야할지 감을 잡을 수 있다.

2008년의 악천후 속에서도 선방했던 펀드로 동양투신의 '모아드림 삼성그룹주 펀드'를 꼽을 수 있다. 필자는 금융위기 폭풍이 한창 기승을 부리던 2008년 여름, 동양투신 이형복 주식운용본부장의 책상 옆에 붙어 '일일 매니저' 체험을 하면서 위기관리 팁을 짚어보았다. 전투를 방불케 하는 그의 24시 안에서 시장은 호락호락한 먹잇감이 아니라 호랑이처럼 무섭다는 진리, 그리고 호랑이 굴에 들어가도 평상심을 유지하면 상처를 줄인다는 교훈을 얻을 수 있었다.

오전 7시

|

"올해 장이 정말 쉽지 않네요." 2008년 7월 31일 아침. 여의도 동양투신운용 빌딩. 이형복 본부장이 출근한 뒤 나를 보고 하소연했다. "차라리 급등하거나 급락하는 장이 낫지요." 당시처럼 주가가 출렁이면 방법이 없다는 것이었다. 기업들의 수익은 물론이고 유가며 인플레이션까지, 따져봐야 할 변수가 너무 많아졌다.

그는 이날 서울 성북구 길음동의 집을 출발한 지 40분 만에 사무실에 도착했다. 꿈나라에 빠진 초등학교 3학년 딸에게는 오늘도

침대 맡 뽀뽀로 인사를 대신했다. "오늘 보시면 알겠지만 체력이 중요해요. 어제 만든 토스트로 배를 채웠더니 그래도 든든하네요." 그가 은근히 겁을 준다. 사무실의 동그란 회의 탁자에는 동틀 때 새벽별을 보고 출근한 매니저들을 위해 빵과 주스가 수북하게 쌓여 있었다.

이 본부장은 출근 뒤 30분간 네 개 신문의 경제뉴스를 매서운 눈으로 읽었다. "인수합병M&A이며 해외시장 소식 같은 따끈한 정보를 얻는 데 필수입니다."

갑자기 휴대전화가 울렸다. '콜call'이라고 부르는 증권사 애널리스트의 전화였다. A카드사가 자금 조달이 어려워 투자 매력도가 낮아졌다는 소식이 날아들었다. "이렇게 다급한 내용의 콜이 아침에만 다섯 통 정도 와요." 아침부터 신경을 바싹 곤두세워야 하는 이유다. 물론 책상 위에 놓인 전화기 세 대도 쉴 새 없이 울렸다. 아침부터 쏟아지는 하루 300통의 이메일과 100개의 메신저 쪽지도 그날의 전투에 써먹을 긴요한 실탄이다.

이걸 다 읽어보고 일일이 머릿속에 저장할 수 있을까? 그가 대답했다. "시장은 쉬지 않습니다." 이런 정보들을 다 소화해야만 전사하지 않는다는 얘기다. 루머 한마디에 혹하는 많은 투자자들이 반성할 대목이다.

다시 급박한 콜이 왔다. 이번엔 하이닉스였다. 이날 2분기 실적 발표를 하는 하이닉스의 손실이 간단치 않을 것 같다는 정보였다. 그런데 국내외 증권사의 시각이 저마다 달랐다. 이럴 때는 골치가 아프다. 곧 장이 열릴 시간인데 판단이 어렵기 때문이다.

갑자기 그의 몸놀림이 빨라졌다. 급박한 일이 터지면 매니저들을 긴급 소집해 스탠딩 미팅을 한다. "의사결정은 빨라야 해요. 물론 경솔하지 않게요. 완벽을 추구한다며 늦장 부리다간 돈 잃기 십상이지요."

오전 8시

|

아침부터 숨 돌릴 틈 없이 '모닝 미팅'이 열렸다. 그날 전투의 작전계획을 여기서 그린다. 펀드매니저 아홉 명이 회의실에 모였다. 총 1조 5,000억 원을 굴리는 젊은 특공대다. 매니저마다 담당하는 업종이 있었다. 종목이 워낙 많으니 한두 사람이 다 커버하지 못한다. 업종별로 주식을 분석하면 최종 결정은 간부 매니저가 내리는 시스템이다. 운용사의 전체적인 투자전략과 경험이 얼마나 중요한지 잘 보여주는 대목이다. 말하자면 공동체 정신이 강해야 한다는 얘기다. 요즘 운용사들은 펀드매니저 한 명에 전권을 주지 않는다. 고객 돈의 80퍼센트는 미리 정해놓은 모델 포트폴리오 종목에 편입하고 나머지 부분에서 재량을 발휘한다. 종목이며 업종이 그만큼 복잡해졌기 때문이다.

"운용이란 것이 원래 공정합니다." 이형복 매니저는 펀드 수익률이 도박처럼 운에 좌우되지 않는다고 했다. 결국 분석력이 수익률을 좌우하기 때문에 '땀을 한 바닥 흘려야 된다'고 강조했다. 펀드건 주식이건 은근히 대박을 바라는 개인들이 새겨둘 대목이다.

"특히 요즘처럼 장이 갈지자 걸음을 걸을 때는 개인들이 직접투자로 돈 벌 확률이 20퍼센트도 안 됩니다. 옛날처럼 모든 종목이 발맞춰 오르는 단순한 시세는 물 건너갔어요." 이형복 매니저는 '홀짝 장세'의 교훈을 얘기했다. 해마다 번갈아 가면서 상승세와 하락세가 나타났다는 소리다. 실제로 주가가 2005년부터 많이 오르기 시작했지만 연간으로 보면 '상승 → 횡보 → 급등 → 횡보'의 장세를 되풀이했다. 다시 말해 1~2년만 보고 투자했다면 십중 팔구 돈을 못 벌었을 거라는 지적이다. 그러면서 그는 2008년의 연말 코스피가 1800선에 이를 것으로 예측했다. 지금 돌이켜보면 그의 예측은 보기 좋게 빗나갔다. 1분 1초를 낭비하지 않으며 주가와 전투를 벌여온 이 본부장 같은 사람에게도 시장은 이토록 잔인하고 냉엄하다.

오전 9시

|

드디어 개전開戰이다. "이때가 제일 흥분돼요." 그는 카운트다운을 기다린 듯했다. 출발은 좋았다. 앞서 열린 미국 증시가 순풍을 탄 덕분이었다. 이 본부장은 9시 15분쯤 주문을 냈다. 아침에 콜이 왔던 A카드사 비중을 조금 줄였다.

"원래 주문은 개장 전에 하는데 본부장이라 챙길 일이 많아서 좀 늦어요." 변덕스러운 장에 휩쓸리지 않기 위해서는 '계획된 매매'가 철칙이다. 단타와 하루짜리 시황에 울고 웃는 투자로는 패전하기 십상이다.

　개장 중에 잠시 짬이 났다. 삼성그룹주 펀드가 선방한 비결을 물어봤다. "탐방을 많이 다니면서 실적을 꼼꼼히 따져본 덕이죠 뭐." 지극히 평범한 답이었다. 그는 "펀드도 주식처럼 골과 봉우리가 번갈아 가면서 톱니처럼 오른다"고 했다. 예컨대 삼성그룹주는 2008년 초만 해도 비자금 사태로 주가가 급락했다. 하지만 장기적으로 기업 투명성이 높아질 것이란 기대로 주가는 곧 펄펄 날았다. 그러다 이내 휴식기에 접어드는 골짜기 장세를 보였다. 이 본부장은 음식점 비유를 꺼냈다. 유명한 식당에 가서 비법을 물어보면 '좋은 재료에, 손님을 속이지 않고, 기본에 충실한' 사례가 많다. 펀드 맛을 내는 것도 같은 원리다.

　10시 30분엔 돌발 회의가 소집됐다. A해운사의 주가상승 모멘텀이 없을 것 같다는 매니저 의견을 받아, 대신 다른 물류 주식을 사기로 했다. 11시에는 우리투자증권의 철강 애널리스트와 일대일 전략회의를 했다. 점심은 유진증권의 시황 애널리스트와 만나 오리탕을 먹었다. 역시 부정적인 얘기가 많았다. "주가가 회복하려면 시간이 많이 걸릴 것"이라는 애널리스트 말에 그도 고개를 끄덕였다.

오후 1시

|

오후 들어선 장이 밀렸다. 모니터에 하락세를 뜻하는 파란색이 많

아졌다. 마우스를 쥔 그의 손도 바쁘게 돌아갔다. "아직은 투자심리가 정상으로 회복되지 않았다는 반증이죠." 그는 강세장에서는 일간 시황도 '전약후강'을 보인다고 말했다. 주가가 오를 때는 빨리 팔고 싶은 욕구가 많으니 오전 장이 약하다는 분석이었다. 그런데 이날은 그 반대였다.

2~3시가 되자 짬이 났다. 아까 낸 주문이 잘 체결됐는지 확인했다. 슬슬 하루 전투를 마무리할 때다. 매일 주가와 씨름하는 게 버겁지 않느냐고 물었다. "사표를 쓰고 싶을 때도 많아요. 2004년에 중국이 긴축에 들어갔죠. 중국 관련주를 많이 들고 있었는데 주가가 박살이 났어요."

이런 위기에 부닥치면 그는 어떻게 할까. 주저 없이 "멘토를 찾는 것이 좋다"는 답이 나왔다. "펀드매니저들이 쓰는 용어로 '멘털mental이 무너진다'는 말이 있어요." 기업의 실적이며 경제지표 같은 펀더멘털과 상관없이 심리적으로 공황상태에 빠지는 순간을 말한다. "주식을 샀는데 무조건 떨어질 때 그래요." 이 본부장은 이럴 때 선배나 동료를 만나 투자 경험담을 나누면 마음이 안정되고 해법도 보인다고 했다. 공포가 시장을 짓누르고 위기의 포로가 된 요즘 시장에 도움이 되는 대응법이다.

2시 40분. 슬슬 오늘 성적에 신경이 곤두선다. "초 단위로 성적을 매기는 직업 보셨어요? 주간·분기는 물론 3년간의 성적표도 그대로 따라다니죠." 속일 수 없는 숫자로 평가받으니 공평하지만, 그게 사람 미치는 일이라며 그는 웃었다. 3시가 다가오자 국민은행 주가가 막판에 급변했다. 역시 잠시도 한눈을 팔 수 없다.

오후 3시

마침내 장이 끝났다. 이 본부장은 "펀드가 추종하는 지수만큼 따라갔다"고 안도의 한숨을 내쉬었다. 30분 뒤엔 사장과 임원들까지 모두 모이는 월말 최고자산운용회의가 열렸다. 8월 증시를 내다보고, 어떻게 펀드를 굴릴지 그리는 자리였다. 발표를 맡은 매니저가 "부정적 요인이 긍정적 요인보다 우세하다"고 말했다. 신용위기, 외국인 순매도, 기업이익 하향조정의 파고가 1500포인트 지지 안도감, 유가하락 등의 호재를 누른다고 했다. 투자자들이 여전히 보수적 전망을 유지해야 한다는 소리였다. 한 매니저는 "미국 주택시장이 회복하고 소비경기가 살아나면서 경제의 핵인 노동시장이 회복해야 뿌리가 해결된다"고 역설했다. 이 본부장은 "7월 전망은 비슷하게 맞혔다. 그런데 전기전자주를 늘리는 바람에 수익률이 떨어졌다"고 반성했다.

그나마 이날은 탐방이 없는 날이었다. 회의가 끝난 뒤 5시에는 인근 찻집에서 동료 펀드매니저를 만나 시장 돌아가는 얘기를 나누었다. 6시에는 직원들과 저녁을 먹었고, 곧바로 심야회의에 참석해 어떤 중소형주에 투자할지를 토론했다.

오후 11시경. 이 본부장이 사무실 문을 나섰다. 파김치가 됐을 텐데 집에 가면서 무슨 생각을 하느냐고 물었다.

그가 대답했다.

"내일은 오를까? 뭐 이런 기대감이죠."

{ 냅킨만 없었더라면 }

30년 전 미국 라스베이거스의 카지노. 리먼브라더스의 젊은 채권중개인이 블랙잭을 즐기고 있었다. 수중의 몇 달러로 그는 거액의 베팅가와 게임을 했다. 그는 계속 잃었고 상대방은 베팅액을 두 배로 늘렸다. 그는 뭔가를 깨달은 듯 냅킨에 이렇게 적었다. '이게 정답이야. 충분한 자본을 모아라, 그리고 두 배로 불려라.' 그의 이름은 리처드 풀드. 그는 훗날 리먼브라더스의 CEO가 되었다.

영국의 일간지 〈파이낸셜타임스〉는 2008년 9월 16일자 지면에서, 풀드를 중심으로 한 리먼의 행보를 보면 이 회사가 왜 파산했는지 적나라하게 드러난다고 보도했다. 반면교사로 삼을 점이 많은 기사이기에 그 내용을 재구성하여 소개해본다.

2008년 9월 15일에 발생한 리먼의 파산은 금융위기가 일파만파로 확산되는 도화선이 되었다. 먼저 풀드는 최고의 프로를 자처하면서도 결국 '월가의 죄악'을 자행했다. 상투를 잡았다는 얘기다. 2007년 5월 풀드는 주택시장에 새 주사위를 던졌다. 다른 회사들과 함께 '아치스톤 스미스 트러스트'라는 아파트 투자회사를 15조 원에 인수했다. 당시 주식으로 따진 리먼의 몸값은 20조 원이었다.

문제는 이때가 부동산 거품의 끝물이었다는 사실이다. 수년간 돈의 홍수를 용인했던 미국 정부가 돈줄을 죄겠다고 돌아선 지 1년째였고, 공룡 은행 중에선 처음으로 HSBC의 서브프라임 부실이 드러나 모두 몸을 사릴 때였다. 아치스톤 인수는 '고위험 고수익'을 먹고 자란 리먼의 DNA를 보여준 대표적 사례였다. 리먼은 항상 자신의 몸집에 비해 부담스러운 회사에 달려들어 번개같이 낚아챘고 이런 레버리지 투자의 중심엔 풀드가 있었다. 오죽하면 그의 별명이 '고릴라'였을까. 풀드는 9·11 테러 이후 경기를 살리기 위해 금리가 떨어지자 적은 비용으로 돈을 조달해 과감한 레버리지 투자로 세를 키웠고, 2005~2007년에 사상 최고의 실적을 뽐냈다. 이에 대한 보상으로 풀드는 2006년에 10년간 1,800억 원의 스톡옵션 보너스를 받기로 계약했고, 너무 과하다는 외부의 비판을 받기도 했다.

둘째 문제는 '조직 난맥'이었다. 덩치가 커지다보니 하나둘 상처가 곪았다. 2004년 풀드는 어음중개인 출신의 조 그레고리를 사장 자리에 앉혔지만, 리먼 관계자들은 그가 "행정 업무에만 집착하고 리스크 관리를 소홀히했다"고 전했다. 그레고리 사장이 2007년 여름, 투자은행 업무를 하던 에린 캘런을 최고재무책임자CFO로 임명하자 내부 비판은 더욱 심해졌다. 서브프라임 부실의 불똥이 심상치 않은데 딜을 담당하던 여성을 회계책임자로 뒀다는 것이다. 그러나 풀드는 비판을 제대로 들을 수 없었다. 아이다호 주의 맨션에 머물거나 여행을 다니는 시간이 많았기 때문이다. 사령탑의 정신무장 해이가 동시에 일어난 것이다.

이러는 동안 리먼의 상태가 생각보다 심각하다는 우려의 시각이 번졌다. 리먼은 월가의 네트워크를 가동해 6조 원을 긴급 수혈했고, 한국산업은행에도 투자 의사를 타진했다. 리먼은 분위기 쇄신을 위해 퇴직 임원을 부르는 인사를 단행했지만 '소 잃고 외양간 고치기'였다.

공격적인 행보로 성장한 리먼은 결국 정글 같은 시장에서 복수를 당했다. 풀드는 주가 하락 시 이익을 보는 공매도 세력이 악성 소문을 퍼뜨린다고 보고 미 증권거래위원회에 대책을 요구했고, 거래 파트너에게 전화를 걸어 당신네 거래인들이 헛소문을 퍼뜨린다고 다그쳤다. 이후 리먼은 다각도로 자금을 지원받기 위해 애썼으나 결국 수포로 돌아갔다.

결국 헨리 폴슨 미 재무장관은 금융사 거물을 불러 리먼 대책을 집중 논의했다. 결론을 내리는 데는 오랜 시간이 걸리지 않았다. 리먼을 인수하려면 정부의 보증이 필요했지만 미 정부는 구제금융을 투입한 베어스턴스 때와 달랐다. 미련을 두지 않기로 한 것이다. 리먼의 역사는 그렇게 끝이 났다.

만약 30년 전 풀드 옆에 냅킨이 없었고, 그가 메모를 하지 않은 채 그냥 홀가분한 기분으로 카지노를 빠져 나왔다면 역사는 어떻게 바뀌었을까. 문득 궁금해졌다.★

FUND FUND

part 04

노테크,
빠를수록 희망적이다

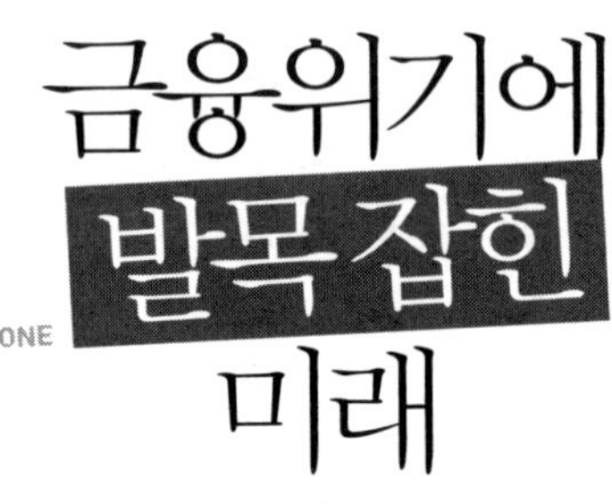

부 자들의 남다른 DNA가 어떤 것인지 감을 잡았다면, 그리고 나의 투자성향이 어떤지 맥을 짚었다면, 이제는 실패하지 않는 투자의 길을 터득할 차례다. 일단 어떻게 노후를 준비해야 하는지부터 차근차근 짚어보자. 노후대비야말로 숱한 투자자들이 재테크를 하면서 '제1순위 과녁'으로 꼽는 일이기 때문이다. 이번 금융위기를 겪으면서 많은 사람들의 노후준비도 후유증이 불가피해졌다. 2009년부터 당장 일자리가 줄어들고 먹고 살 일이 급해지면 그동안 착실히 준비해왔던 노후준비도 흔들리기 쉬울 것이다. 처음부터 노후준비의 기본을 다잡아보고 구멍 난 곳은 없는지, 만약 노후 준비금을 줄인다면 어디서부터 손을 대야 할지 꼼꼼하게 짚어볼 때다.

얼마 전 '99-88-23-4'라는 말이 유행했다. 암호 같은 이 수치는 사실 노후의 로망을 담고 있다. 바로 '아흔아홉 살까지, 팔팔하게 살다가, 이삼일 아픈 뒤, 떠나는 것'이 최고로 행복한 삶이라는 뜻이다. 그만큼 오래 사는 시대가 됐으며, 늙어서도 탈 없이 잘 먹고 잘 사는 것이 결코 쉽지 않다는 불안감이 드러나는 말이다.

회사원 박 차장의 사례를 보자. 40세 가장인 그는 동갑내기 아내와 서울 인근에 산다. 3억 원짜리 아파트 한 채를 갖고 있으며 월급 400만 원으로 먹고 산다. 다행히 지금까지는 크게 빚을 지지 않았고 남한테 아쉬운 소리도 하지 않은 채 살아왔다. 정년까지만 자리를 지킬 수 있다면 두 자녀의 대학 학자금도 회사 지원금으로 그럭저럭 해결할 수 있을 것 같다.

그러나 박 차장은 "사무직이긴 하지만 불혹에 이르도록 뚜렷한 특기도 없고 앞날은 여전히 불안하다"고 어두운 안색을 내비쳤다. 막상 은퇴를 하면 어떻게 살림을 꾸려갈지 겁이 덜컥 난다고 했다. 물론 개인연금과 펀드도 조금씩 들고 있지만 장차 자녀 결혼비용이나 노후자금으로 충분할지는 자신이 없다. 박 차장의 얘기는 우리가 주변에서 흔히 접할 수 있는 사례다.

당장 입에 풀칠하는 일이 걱정이지만 노후준비의 끈을 놓기도 어렵다. 무엇보다 '장수의 위험'이 한국인들을 위협해오고 있기 때문이다. 오래 산다는 건 좋은 일이지만 먼지만 날리는 주머니를 차고 목숨을 부지하는 것만큼 비참한 일도 없다. 통계청이 2008년 가을에 발표한 내용에 따르면 40세 남성의 남은 기대 수명은 37세로, 77세까지 살 수 있다. 여자는 남은 기대 수명이 더 길어서 남편 없이 평균 83세까지 살게 된다. 노동부 자료를 보면 한국의 근로자들은 평균 56세에 일터를 떠난다. 앞으로 남은 수명을 감안하면 30여 년을 무소득자로 가슴 졸이며 살아야 한다는 얘기다. 최근에는 사정이 더 안 좋아져서 2005년의 경우, 달마다 30만 개 가까이 창출되던 일자리는 3년 만에 마이너스 수준으로 수직낙하했다.

사정이 이러니 내 지갑이 언제 바닥을 드러낼지 모른다는 공포가 점점 현실화되고 있다. 중산층은 서민층으로, 서민층은 빈곤층으로 밀려나는 '계층 하강'의 조짐도 일고 있다. 고약한 사실은 그동안 노후준비가 턱도 없이 모자랐던 사람들이 많다는 점이다. '펀드 한두 개 들면 어떻게 해결되겠지 뭐.' '설마 내가 먹고 살 길이 없겠어.' 이렇게 안이하게 생각했던 사람들이 파다하다. 그러나 현실은 녹록치 않다. 현재 한국의 65세 이상 고령자 가구의 절반가량이 상대적 빈곤에 빠져 있다. 상대적 빈곤이란 중간층 소득의 50퍼센트 미만의 돈으로 먹고 사는 상태다. 한국은 상대적 빈곤층을 나타내는 수치가 경제협력개발기구OECD 회원국 중에서 가장 높다. 세계 최고의 고령화 나라에서 살지만 노후대비는 아직 미숙아 수준이고, 자녀의 효도에 의지하던 문화도 슬슬 해체되면서 노후가 어려움을 겪고 있다. 하루라도 빨리 손을 쓰지 않으면 기나긴 노년을 입에 풀칠할 걱정으로 채우게 될지도 모른다.

어설프게 노후를 준비했다가 큰 코 다칠 수밖에 없는 또 한 가지 중요한 이유는 인플레이션이라는 복병이다. 물가가 오르면 지금 가진 돈으로 살 수 있는 물건이 줄어든다. 결국 내가 손에 쥐고 있는 돈의 가치도 그만큼 축소되는 것이다.

당장은 물가하락과 저성장이라는 디플레이션이 우려되지만 수십 년 뒤에는 결국 인플레이션이 노후의 성패를 좌우하게 될 것이다. 피델리티자산운용사의 분석에 따르면 해마다 연 4퍼센트씩 물가가 올라서 20년간 이런 흐름이 계속될 때 차곡차곡 모아둔 1억 원의 가치는 절반으로 축소된다. 한국에서 과거 20년간의 물가를 따져보면, 최근 10년은 연 3.1퍼센트씩 올랐고 대체로 안정적이었다. 그러나 그 이전의 10년은 연 6.1퍼센트로 상승률이 상당히 가팔랐다. 결국 쥐꼬리 이자를 주는 '예금'으로는 물가상승률을 이길 수 없다. 똑똑한 '투자'로 방패를 삼아야 늘그막을 버틸 수 있는 것이다.

인플레이션은 주가의 적인가?

미국은 2008년 12월, 위기의 불을 끄기 위해 제로금리 수준으로 기준금리를 내리고 돈을 시장에 직접 공급하는 양적완화 금융정책을 편다고 밝혔다. 역사상 처음 있는 일이다. 미국의 벤 버냉키 연방준비제도이사회 FRB 의장은 예전 별명인 '헬리콥터 벤'으로 다시 불리고 있다. 헬기에서 돈을 뿌리듯 부실 회사에 자금을 퍼붓고 있다는 것이다. 이렇게 풀린 돈이 시장에 돌면 물가가 꿈틀댈 수 있다.

그렇다면 '인플레이션은 주가의 천적'이라는 등식은 언제나 참일까? 항상 그렇지는 않다. 〈인터내셔널헤럴드트리뷴IHT〉은 2008년 6월 8일자 지면에서 '인플레 투자학'의 진실을 다룬 재미난 기사를 실었는데 시사하는 점이 많아 아래에 소개한다.

본디 인플레이션은 돈의 가치를 떨어뜨린다. 기업이 똑같은 순이익을 벌어들여도 금고의 가치는 이전만 못하게 된다. 이러면 주가는 오를 재간이 없다. 실제로 찰스 슈왑의 수석전략가인 리즈 앤 손더스가 분석했더니 1960년부터 핵심 인플레가 2~3퍼센트일 때 주가수익비율PER은 평균 20배였다. 물가가 낮을 때 주가는 기업 실적에 비해 높은 수준을 기록했다는 소리다. 그런데 인플레가 4~5퍼센트로 뛰면 PER이 열다섯 배로 떨어졌다.

하지만 이 기사에서는, 인플레이션이 닥쳤을 때 오히려 제품값 상승의 효과가 일어나 주가에 득이 될 수 있다고 분석했다. 실제로 메릴린치가 1972년 여름부터 인플레이션이 왔던 시기별로 주가를 측정했더니 S&P 500지수의 열 개 업종 중 여섯 곳에서 수익이 났다.

S&P의 분석가 샘 스토벌은 더욱 흥미로운 관전법을 내놓았다. 그는 1960년 이후의 물가를 연구했다. 물가 오름세가 연 4퍼센트를 넘지 않으면 S&P500지수는 달마다 1퍼센트씩 올랐다. 하지만 물가가 4~6퍼센트 정도로 높게 뛰면 주가는 달마다 0.3퍼센트씩 떨어졌다. 이에 따라 스토벌은 2~4퍼센트의 물가상승률을 '최적의 구간sweet spot'이라고 이름 붙였다. 주가가 오르는 데 딱 알맞다는 것이다.

이를 응용해 여의도의 투심에 큰 영향을 미치는 월가 증시를 분석할 수도 있다. 미국의 물가상승률이 '마의 4퍼센트'를 넘는지를 확인하면 좋은 참고 기준이 될 것이다.

다음으로 주시할 것은 인플레이션의 운전대다. 비록 인플레가 높아도 떨어지는 쪽으로 방향을 틀면 주가엔 도움이 된다. 투자자문사인 이보트슨 어소시에이츠에 따르면 1980년에 물가는 12퍼센트 급등했지만 주가도 32퍼센트 올랐다. 이해가 안 될 일이 벌어진 것이다. 그런데 전년도의 물가 상승률은 13.3퍼센트에 달했다. '인플레이션이 해소되기 시작했다'는 인식이 투심에 불을 지핀 것이다.

 특히 1980년대엔 물가가 평균 5.6퍼센트 올랐지만 주식은 상승의 날개를 폈다. S&P500지수는 해마다 13퍼센트 뜀박질했다. 역시 인플레가 점점 고개를 숙일 것이라는 안도감이 상승 물줄기를 펌프질했다. 거꾸로 1926~2008년에는 그동안 잠잠했던 인플레이션이 똬리를 틀기 시작했고 주가가 매년 0.5퍼센트밖에 오르지 못했다. 월가의 수십 년 역사를 보면 인플레이션에 무작정 호들갑부터 떨지 말고 그 진폭과 방향을 잘 가늠할 때 지갑의 구멍을 막을 수 있다는 교훈을 준다.★

'재테크 길치'를 면하는 5가지 방향키

얼마 전 푸르덴셜투자증권이 6대 도시의 중산층 이상 600명을 조사했는데 다음과 같은 재미있는 결과가 나타났다. 응답자의 50퍼센트가 '노후준비가 계획보다 뒤처지고 있다'고 답한 동시에, 60퍼센트가 '노후자금이 부족하지 않도록 만들 자신이 있다'고 답한 것이다.

이렇게 당장의 준비는 헐렁한데 장밋빛 기대감만 풍선처럼 부풀어 있는 이율배반적 상태가 한국인의 노후대비 현주소다. 실제 노후자금에 대한 감도 떨어진다. 50~64세의 응답자들은 65세쯤 은퇴한다면 3억 3,000만 원으로 먹고살 수 있다고 봤다. 하지만 이 돈은 13년치 식량밖에 안 된다. 기대수명과 기본 생활비를 감안하면 7년간은 정말 입에 풀칠만 하면서 살게 될지도 모른다. 일일이 노후자금을 계산하기도 귀찮고 재정 상담사 만드는 일도 쉽지 않다고 생각하는 사람들에게는 또 다른 방법이 있다. 조금만 발품을 팔고 시간을 내면 된다.

2008년 봄에 푸르덴셜투자증권의 서울 대치동 지점을 방문했을 때였다. '푸르락 자산관리 시스템'이라는 것을 개발했다고 회사 측에서 자랑을 하기에 직접 시연을 해보기로 했다. 일반 지점인데도 고급스러운 인테리어며 묵직한 분위기가 PB센터 못지않았다. 상담실 의자에 앉자 직원이 접혀 있는 듀얼 모니터를 쫙 펼쳤다. 직원은 물론 맞은편의 고객도 화면에서 진행되는 자금설계 내용을 동시에 볼 수 있는 편리한 방식이었다.

직원은 대뜸 "은퇴 설계용이세요, 아니면 교육비나 주택자금을 원하세요?"라고 목표부터 물었다. 속으로 '오호, 제대로 물어보는구나'라고 생각했다.

일단 노후준비로 시뮬레이션을 요청했다. 은퇴 시점은 통계상 사람들이 희망하는 평균치로 나타난 62세로 잡고, 85세까지 돈을 쓴다고 설정했다.

다음은 당장 주머니 속이 어떤지 청진기를 댈 차례였다. 지금까지 모은 금융자산이 6,000만 원 있는데, 예금 5,000만 원과 펀드 1,000만 원을 굴리는 중이라고 가정했다. 개인연금도 월 50만 원씩 10년간 넣었다고 했다.

이제 원하는 노후를 고르는 순서가 됐다. 기본생활비, 의료비, 여가생활비 등을 포함한 씀씀이의 수준을 택하라고 했다. 푸르락

시스템은 통계청의 소득 기준에 따라 Best(상위 20퍼센트), Better
(20~40퍼센트), Good(40~60퍼센트)으로 분류된 생활비 모델을 만들
어 사용하고 있었다. 그중에서도 나는 Best를 골랐다. 필자가 계산
했던 것과 비슷하게 월 435만 원을 소비하는 여유로운 노후였다.

그러고선 프로그램을 돌리자 62세에 14억 5,000만 원을 확보해
야 한다는 계산이 나왔다. 그러나 당장 갖고 있는 예금과 국민연
금, 개인연금 등을 잘 굴려도 6억 7,000만 원이 모자랐다. 결국 이
부족분을 마련하는 게 노후준비의 최우선 과제인 셈이다.

다음은 상품을 고르는 단계였다. 질문지를 작성해서 투자성향을
파악하는 것인데, 나는 5등급 가운데 1등급인 '적극 자산배분형'
을 골라보았다. 위험을 적극 떠안으면서 높은 수익률을 기대하는
스타일이다. 푸르락 시스템은 국내외의 질 좋은 100여 개 펀드를
분석해 1~5등급까지의 투자성향에 맞추어 포트폴리오를 만들 수
있도록 설계돼 있었다.

드디어 최종 해법이 나왔다. 예금 5,000만 원을 털어 미래에셋
인디펜던스 펀드(60퍼센트), 피델리티 태평양 펀드(30퍼센트), 푸르
덴셜 채권혼합형 펀드(5퍼센트), 프랭클린 뮤추얼 비이컨 펀드(5퍼센
트) 등에 장기 분산투자하면 부족분을 메울 수 있다는 것이다. 물
론 이번 같은 폭락장에서 이렇게 투자했다면 단기적으로 큰 손실
을 입었을 것이다. 손해가 두려운 투자자라면 상담원의 재량에 따
라 보다 안전한 상품을 선택할 수도 있다.

필자가 여기서 푸르락 얘기를 길게 한 것은 '과학적 노후 설계'
가 어떤 것인지 상세하게 보여주는, 업계에서 보기 드문 시스템이

기 때문이다. 찾아가기도 쉬워, 회사나 집에서 가까운 아무 지점에 가면 누구든 상담 서비스를 받을 수 있다. 이런 도구를 옆에 두고서도 모른다면 '재테크 길치' 소리를 들어도 할 말이 없을 것이다.

다시 한 번 새겨두자. 고지 설정, 주머니 실정 파악, 투자성향 진단, 포트폴리오 선택, 투자 실행의 단계적 과정 중에서 하나라도 빠지면 노후는 찬란한 은빛이 아니라 잿빛으로 변한다.

5억? 10억?
THREE 얼마면 되겠니!

지금까지 자산관리에서 목표 설정이 무엇보다 중요하다고 여러 번 강조했다. 노후관리 또한 예외가 아니다. 먼저 얼마나 많은 뭉칫돈을 만들어놓을지 큰 그림을 그려야 한다. 그러면 남은 투자기간에 근거해 목표 수익률을 계산해볼 수 있고, 수익률에 따라 구체적인 포트폴리오를 꾸릴 수 있다.

그런데 노후자금이 얼마나 필요할지는 칼로 두부 자르듯 획일적으로 말하기가 어렵다. 사람마다 씀씀이의 규모가 다르기 때문이다. 그렇다면 전문가들이 말하는 노후자금은 어느 정도 규모일까? 삼성생명은 2006년 말에 '풍요로운 노후'를 보내는 데 필요한 자금을 발표해 화제가 되었는데, 결론적으로 현재 은퇴한 60세 부부가

20년간 기본 생계를 꾸리는 데 7억 원은 있어야 한다고 추정했다.

어떻게 이 수치가 산출됐을까. 삼성생명은 먼저 현재의 물가 수준으로 볼 때 해마다 식료품이며 의류, 의료비 같은 기본생계비에 매년 2,700만 원이 필요하다고 봤다. 통계청의 공식적인 평균수치를 사용한 것이니 신뢰할만하다고 볼 수 있다. 여기에 품위유지비를 포함한 추가 지출 항목으로 차량유지비 400만 원과 국내여행 1회, 건강검진, 경조사비 등을 추가하면 3,500만 원이 소요된다. 연간 800만원이 더 필요하다는 소리다.

만약 이보다 더 풍요로운 웰빙형 노후를 꿈꾼다면 어떨까. 삼성생명의 계산에 따르면 해외여행 1회, 부부 골프 월 2회, 가사도우미 고용 등을 감안했을 때 총 노후비용은 연간 5,500만 원에 이르렀다. 노후 20년을 이렇듯 폼 나게 보내려면 11억 원은 있어야 한다. 노후를 보내는 동안 물가가 오르는 것을 감안하면 실제로는 이보다 더 많은 돈이 필요할 것이다. 웬만한 사람들 입장에서는 입이 떡 벌어질 노릇이다. 주택담보대출 끼고 달랑 아파트 한 채 있는 것이 고작이고, 아이들 학원비며 기본 생활비로 나가는 돈을 생각하면 적자 살림인데 언제 그 돈을 모을 수 있는지 한숨만 나온다. 이런 상황에서 '억 소리'는 남의 애기일 뿐이다.

한편 보험사며 증권사들이 제시하는 노후자금 액수가 과장됐다는 비판도 적지 않다. 투자상품을 더 많이 팔기 위해 금액을 부풀려 산출하고 고객들의 불안감을 부추긴다는 지적이다. LG경제연구원 이철용 연구위원은 "거품을 빼고 난 뒤의 노후자금은 4억~5억 원이면 충분하다"고 역설했다. 앞서 살펴 본 삼성생명의 노후자금보다 절반이 줄어든 수치다.

대한은퇴자협회도 "노후에 10억 원을 목돈으로 준비하면 가만히 있어도 은행 이자로 월 500만 원씩 나오고 원금 10억은 그대로 보존된다는 소리이므로 현실을 무시한 분석"이라고 반발했다. 실상 노후자금을 만들어놓은 뒤 가만히 묵히는 것이 아니라 생활비를 인출하고 남은 돈은 재투자한다는 사실을 감안하면 10억 원보다 적은 금액이어도 충분할 수 있다.

얼마 전 하나은행과 한국갤럽이 35세에서 49세 사이의 남녀 200명을 대상으로 노후자금 예상치를 조사했더니 흥미로운 결과가 나왔다. 기본 생계비며 품위유지비 등을 모두 합쳐 "월 200만 원이면 충분하다"는 대답이 전체 응답자의 27퍼센트로 가장 많이 나온 것이다.

하지만 이 결과를 보아서는 노후를 너무 만만하게 생각하고 있는 듯한 인상을 지울 수가 없다. 통계청의 통계만 보아도 이 정도로는 기본적으로 먹고 사는 욕구만 간신히 해결할 수 있기 때문이다. 더군다나 생활수준에 대한 눈높이가 갈수록 높아지는 상황이니 상대적 박탈감은 더욱 커질 것이다. 물론 '젊을 때 더 즐기고 싶다'고 고집한다면 할 말이 없지만 노후준비에도 앞에서 소개한 '스트레치 골'을 적용하여 현재의 소비 수준과 균형을 맞출 필요가 있다.

이런 논란 속에서 나는 실제로 내가 은퇴할 때 과연 얼마나 많은 노후자금을 준비해야 할지 진심으로 궁금해졌다. 그래서 다시 한 번 정밀하게 계산을 해보았다.

먼저 의식주에 관한 비용은 통계청이 집계한 2008년 2분기의 가계수지 자료(60세 이상 가구)를 기준으로 계산했다. 달마다 157만 원이 들어가는데, 식료품과 외식으로 가장 많은 44만 원이 필요했고 의료비와 난방료와 전기료도 수월찮게 들었다.

다음은 여유 생활비 항목이다. 이 책의 175쪽에 자세히 나와 있지만 이 부분은 지금까지의 논란을 반영해 '기본형'과 '품위형'으로 나누어보았다. 품위형은 매달 차량 유지에 50만 원을 쓰고 기본형은 30만 원을 쓴다고 추정하는 등 필요 금액을 이원화한 것이다. 그밖에도 여유 생활비 항목에는 국내외 여행, 건강검진, 피트니스센터, 경조사, 골프, 공연, 가사도우미 비용 등을 포함시켰다. 그랬더니 품위형은 총 240만 원, 기본형은 70만 원이라는 비용이 나왔다.

이를 의식주 비용과 더하면 품위형 노후를 보낼 경우 월 397만 원, 기본형 노후에는 월 227만 원이라는 최종 결과가 산출된다. 필자는 이 수치가 나름대로 합리적이라고 생각한다. 금융회사에서 제시하는 수치는 품위형 노후로, 일반인들이 고려하는 자금은 기본형 노후로 설명할 수 있기 때문이다.

자, 이제 은퇴 시점에 실제로 얼마를 준비해야 할지 알아볼 차례다. 필자의 나이인 40세를 기준으로 따져보자. 물론 필자도 품위형 노후를 즐기고 싶다.

일단 은퇴 시점을 65세로 잡고 물가가 해마다 3퍼센트씩 오른다고 가정하자. 현재 기준으로 월 397만 원 수준을 쓰려면 25년 뒤에는 831만 원이 있어야 한다. 이를 연간으로 환산하면 거의 1억 원에 육박한다. 만약 필자가 65세에 은퇴해서 85세까지 소비를 한다고 하면 20년치 비용 총 15억 4,000만 원이 필요하다. 계속되는 물가상승률을 감안해 단순계산하면 20억 원 넘게 필요하겠지만, 생활비로 쓰고 남는 돈을 연 6퍼센트 수익률로 재투자한다고 가정했기 때문에 그나마 금액이 줄어들었다.

결국 품위형 노후를 희망하는 사람이라면 25년 뒤 15억 원을 만들어야 한다는 소리다. 기본형 노후는 이보다 조금 낮다. 내 경우 65세에 은퇴할 때 월 475만 원이 있어야 지금의 227만 원에 해당하는 소비를 할 수 있다. 85세까지 이 정도 생활을 유지하려면 은퇴 시점에 8억 8,000만원을 만들어놓아야 한다. 처음에는 기본형이라고 얕잡아보았지만 결과를 보니 역시 만만치 않은 돈이다.

노후에 얼마나 필요할까

분류	품위형	기본형
A. 기본생활비(月)	157만 원	
소비성지출		
식료품 · 외식	44만 원	
보건 · 의료	15만 원	15만 원
난방 · 전기 · 수도	10만 원	
통신	8만 원	
공공교통	8만 원	
의류 · 신발	8만 원	
기타	46만 원	
(이미용 · 담배 · 잡비 · 교육 · 가사도구 등)		
비소비성지출	18만 원	
세금 · 보험료 등		
B. 여유생활비(月)		
차량유지	50만 원	30만 원
해외여행	20만 원(2인/연1회)	없음
국내여행	10만 원(2인/연1회)	5만 원(2인/연1회)
건강검진	10만 원(2인/연1회)	5만 원(2인/연1회)
피트니스센터	20만 원(2인)	없음
경조사 · 모임	40만 원	20만 원
골프	50만 원(2인)	없음
공연 · 도서		
문화생활	20만 원(2인)	10만 원(2인)
가사도우미	20만 원(주 4회)	없음
합계	240만 원	70만 원
A + B	월 397만 원	월 227만 원

＊ 기본생활비는 통계청의 2008년 2분기 가계수지 동향(60세 이상)에 기초, 교통 · 오락 등은 여유생활비에서 따로 계산

40세 남성의 경우, 397만 원과 227만 원을 기준으로 함.

65세 미래가치로 환산: 831만 원(연간 9,974만 원), 475만 원(연간 5,704만 원)

65세에 마련할 목돈: 15억 4,000만 원, 8억 8,000만 원

(*85세까지 쓸 돈, 물가 3퍼센트 + 인출 뒤 남는 돈 재투자수익률 연 6퍼센트 가정)

깜짝 놀랄 4중 연금술의 비밀

FOUR

15억 원, 8억 원이라는 돈의 액수 앞에서 너무 낙담할 필요는 없다. 어떻게 준비하느냐에 따라 목표를 이룰 수도, 좌절할 수도 있다. 필자는 국내 최초로, 다양한 연금을 총동원했을 때의 최대 효과를 분석해보았다. 각개격파 식으로 연금 상품을 소개한 기사와 책들은 많았지만 이를 큰 틀에서 엮고 꿰려는 노력은 그동안 부족했다. 펀드나 주식에 비해 연금을 가볍게 취급하는 사람이 많은 것도 이 때문이다. 그럼 이제부터 하나하나 짚어보자.

국민연금, 물로 보지 말라

연금 하면 가장 먼저 생각나는 것은 '국민연금'이다. 국민연금관리공단 사이트(www.nps.or.kr)에 접속하면 그동안 납부한 연금과 예상 연금 혜택을 조회할 수 있다. 필자의 경우 2008년 말 기준으로 132개월치를 냈고 65세가 되는 2035년 봄부터 달마다 104만 원(지금의 가치로 환산한 돈)을 받는 것으로 돼 있다. 연금을 받게 될 미래 시점의 가치로 따지면 436만 원이다.

그러나 연금액은 월 소득에 따라 다르다. 연금 가입자의 절반 이상은 월급이 160만 원 이하라고 한다. 30년 가입해서 50여 만 원밖에 받지 못하는 것이다. 더군다나 국민연금이 망할 것이라는 불안감도 갈수록 커지고 있다. 그런 소리를 들을 때마다 불확실한 연금이 커다란 기회비용을 낳는 것 같다는 생각이 들법도 하다. 필자도 월급 통장에서 꼬박꼬박 빠져나가는 국민연금을 볼 때마다 '차라리 다른 곳에 투자하면 그 수익률이 얼마야…' 하는 불만에 잠기곤 한다.

국민연금은 2060년쯤 고갈될 것으로 전망된다. 최근 연금을 적게 받는 쪽으로 법이 바뀌면서 시한폭탄이 2047년에서 13년 늦춰졌다. 적어도 지금 사회생활을 하는 젊은이들이 은퇴할 때까지는 문을 닫지 않을 것이라는 소리다.

어쨌든 금융위기가 닥친 현재처럼 돈 한 푼이 아쉬운 상황에서 국민연금을 마냥 애물단지 취급할 수만은 없다. 지금부터 계속 살펴보겠지만 노후준비는 한두 가지 상품으로 완성될 성질의 것이 아니다. 가능한 모든 수단을 다 조합하고 버무려서 일품요리처럼 진한 국물을 우려내야 한다.

소소익선少少翼善의 개인연금

이럴 때 기댈 수 있는 원군은 민간 금융회사에서 판매하는 각종 투자상품이다. 그중 대표적인 것이 개인연금이다. 연금의 효과를 따지기 전에 먼저 연금이 어떤 상품인지부터 알아보자. 연금은 '세제 적격'과 '비적격'으로 나뉜다. 금융상품을 접할 때마다 '이름 한번 어렵게 만든다'는 생각이 들 때가 한두 번이 아니지만, 아무튼 연금은 연말의 소득공제 여부를 기준으로 위와 같이 두 종류로 나뉜다. 소득공제가 되는 것이 바로 '세제 적격'이다. 소득공제 혜택을 받는 대신 나중에 연금을 받기 시작하면 연금소득세를 내야 한다. 이에 비해 '세제 비적격'은 13월의 월급으로 불리는 꿀맛 같은 소득공제는 못 받지만 연금을 수령할 때 세금을 내지 않고 가입한 뒤 10년만 지나면 목돈으로 찾아도 비과세된다. 따라서 나중에 연금으로 받는 월 수령액이 많은 공무원 같은 직종은 세제 비적격이 유리하다.

　세제 적격은 통상 연금저축으로 불리며 은행 · 보험사 · 증권사에서 모두 가입 가능하고, 세제 비적격은 연금보험으로 통칭되며 보험사에서만 취급한다.

　만약 필자가 지금 보험사를 찾아 세제 적격 연금에 가입한다면 얼마를 손에 쥘 수 있을까. 수익률(공시이율이라고도 부른다)을 연 4.9퍼센트로 산정해서 계산하면 지금부터 30만 원씩 종신형 상품에 넣을 때 65세 이후부터 한 달에 93만 원의 노후 생활비를 챙길 수 있다.

필자의 나이가 지금 50세라면? 30만 원씩 같은 기간을 투자해도 월 연금액은 42만 원에 그친다. 시간의 차이가 이처럼 엄청난 결과를 낳는 것이다. 현장에서 전문가들의 얘기를 들어보면 '하루라도 빨리 준비하라'는 소리를 침이 마르도록 강조한다. 하지만 '장삿속이겠거니.' 하고 그냥 흘려듣는 사람이 적지 않다. 젊은 시절 월급도 빠듯한데 투자할 돈이 어디 있으며, 반토막 펀드도 속상한데 노후는 무슨 노후냐고 말이다. 개인 사정이야 천차만별이니 획일적인 잣대로 매달 얼마를 투자하라고 강권할 수는 없는 노릇이다. 그러나 빠를수록 혜택이 크다는 점만은 분명한 사실이다. 장기로 투자할수록 이윤의 덩치가 쑥쑥 불어나는 '복리의 법칙' 때문이다. 그야말로 소소익선의 원리가 통하는 것이다.

연금에 가입할 때 또 한 가지 주의할 점이 있다. 금리형과 실적배당형 가운데 선택을 해야 하는 것이다. 금리형은 은행 예금처럼 정해진 공시이율을 기준으로 돈을 불려나간다. 반면 변액연금이라고도 불리는 실적배당형은 말 그대로 주식에 투자해 성과에 따라 돈을 돌려준다. 2008년 같은 최악의 상황에서는 금리형이 유리할 수도 있다. 그러나 노후준비는 장기 마라톤과 같다. 20년간 시장이 어떨지 투자 기상도를 충분히 그리고 상품을 선택해야 나중에 땅을 치지 않는다. 투자 기상도를 읽는 방법은 종국적으로 각자가 스스로 갈고 닦아야 하지만, 이 책의 곳곳에 소개된 내용을 소화하여 따라 하기만 해도 대략의 감을 잡는 데 도움이 될 것이다.

소중한 퇴직연금, 어떻게 굴릴까?

직장인들이 사용할 수 있는 또 하나의 병기는 바로 퇴직연금이다. 2008년으로 도입된 지 4년째를 맞았지만 아직은 기업에 널리 전파되지 않았고, 이 용어나 개념을 생소하게 여기는 직장인들도 상당수다. 그러나 많은 전문가들은 장차 퇴직연금이 노후준비의 핵심으로 떠오를 것이라고 예상한다.

사실 지금까지 퇴직금은 월급쟁이들의 든든한 노후 밑천이었다. 1961년에 도입된 퇴직금 제도는 변변한 사회보장 장치가 없던 시절에 톡톡히 제몫을 해냈다. 공기업에서 일하다 10여 년 전 은퇴한 최 씨는 당시 억대의 퇴직금을 받고 자리에서 물러났다. 퇴직금 누진제 덕에 목돈을 쥔 것이다. 그 돈을 어떻게 굴릴까 고민하던 끝에 저축액과 대출금 등을 합쳐서 서울 인근의 한 시장 골목에 있는 3층짜리 건물을 샀다. 유동인구가 많은 곳이어서 현재까지 임대소득이 꾸준히 발생하고 있다.

이렇게만 된다면 골치 아프게 노후 투자를 할 필요도 없이 따뜻한 노년을 보낼 수 있지 않을까? 하지만 시대는 매섭게 변했다. 외환위기의 칼바람이 몰아치자 기업들은 퇴직금 누진제 대신 중간정산제를 도입했다. 게다가 지금은 퇴직금을 급여에 끼워넣는 연봉제가 전체의 절반을 넘어섰다. 또한 직장을 이리저리 옮겨다니는 '메뚜기 샐러리맨'이 많아지면서 평균 근속연수는 5년으로 줄었다. 좋은 시절의 억대 퇴직금은 이제 환상이라는 소리다.

이렇게 열악한 분위기에서 대안으로 등장한 것이 바로 퇴직연금이다. 퇴직금을 55세부터 연금처럼 꼬박꼬박 받는다는 게 이 제도의 골자다. 물론 일시금으로 받을 수도 있다. 기본적으로 기업이 직원들의 퇴직금을 증권사와 은행, 보험사에 투자해 불리는 구조로 되어 있다. 선진국에서는 퇴직연금이 개인연금과 국민연금을 포함해 3대 연금으로 통할 만큼 보편화됐지만, 국내에서는 아직 보급 단계에 있다. 오는 2010년부터는 5인 미만의 사업장에서도 퇴직연금이 의무화된다.

만약 올해부터 퇴직연금제를 도입한 회사가 있다면, 먼저 지금까지 쌓인 퇴직금을 중간정산해야 한다. 중간정산한 필자의 총 퇴직금이 6,500만 원 정도이고 55세에 퇴직한다고 가정하자. 퇴직연금에는 확정급여형(DB, Defined Benefit), 확정기여형(DC, Defined Contribution), 개인퇴직계좌(IRA, Individual Retirement Account)가 있으므로, 시기에 맞춰서 이 세 종류를 골고루 활용하는 지혜가 필요하다.

일단 먼저 생각해볼 것은 IRA다. 직장을 옮기거나 퇴직금을 중간정산할 경우를 위한 장치로, 개인 이름의 계좌에 넣어 돈을 굴린다. 개인이 개별적으로 금융회사와 계약을 한다는 점이 다른 퇴직연금 상품과는 다르다. 필자가 발군의 실력을 발휘해 연 수익률 10퍼센트로 퇴직금을 꾸준히 굴리면 55세엔 2억 7,000만 원이 쌓인다. 욕심이 지나쳤다면 연 수익률을 5퍼센트로 낮추어보자. 이 경우 1억

3,500만 원이 된다.

아울러 중간정산 이후에도 퇴직금은 새로 쌓이게 된다. 이 돈은 어떻게 굴려야 할까. 필자의 회사가 DB형과 DC형을 모두 선택할 수 있도록 한다고 해보자. 실제로 퇴직연금을 도입한 많은 회사들이 이렇게 하는 추세다. 직원들의 투자성향이 천차만별이기 때문이다.

먼저 필자가 손댈 만한 상품은 DB형이다. 나중에 받을 퇴직금을 미리 정해두는 방식인데, 회사가 부담할 기여금은 퇴직금 운용 성과에 따라 달라진다. 한마디로 위험부담을 회사가 지는 구조다. 일시금 기준으로 받을 수 있는 돈은 기존 퇴직금(한 달치 평균 임금× 근로연수)과 같다. 현행 퇴직금 제도와 유사하되, 장부상 퇴직금과 달리 예상 퇴직금의 60퍼센트 이상을 금융회사에 예치해놓아야 한다는 점이 다르다. 기업 입장에서는 적립액이 비용으로 인정돼 법인세를 덜 내게 된다는 장점이 있다.

회사 생활을 하다보면 대리나 과장 시절에는 급여 인상폭이 크지만 고참 간부가 될수록 그 폭이 줄기 때문에 젊었을 때는 평균 급여에 따라 퇴직금을 계산하는 DB형이 유리하다. 물론 처음부터 DC로 굴려 높은 수익률을 유지할 수 있다면 퇴직 때 더 많은 돈을 모을 수 있겠지만 아무래도 DC는 투자위험을 스스로 떠안는 만큼 부담도 크다. 따라서 급여가 많이 뛰는 시기엔 회사가 책임지는 DB형을 활용하는 것이 낫다. 10년간 DB로 퇴직금을 쌓으면 총액은 8,700만 원가량 된다.

이어서 필자가 50세가 됐을 때부터 6년간 DC형으로 전환할 계획이라고 해보자. 41~50세까지 DB로 쌓인 퇴직금 8,700만 원을 DC 계좌를 통해 연 10퍼센트 수익률로 굴리면 1억 8,000만 원이 된다.

이제 IRA와 DC로 운용한 돈을 모두 더하면 55세에 받는 일시금은 10퍼센트 수익률일 때 4억 5,000만 원이 된다. 이를 20년간 연금으로 받으면 매달 440만 원을 손에 쥘 수 있다. 10퍼센트 수익률은 너무 낙관적인 측면이 있으므로, 이를 5퍼센트로 낮추면 189만 원 정도가 된다. 아울러 연봉 수준에 따라 중간 정산금이며 이후 퇴직금에도 차이가 생기는 만큼 연금 혜택도 달라질 것이다. 중요한 사실은 퇴직연금을 무시해서는 안 된다는 점이다. 그러나 안타깝게도 퇴직연금을 도입한 회사에서조차 대부분의 직원들은 여기에 큰 관심을 기울이지 않는다.

퇴직연금을 활용할 때는 금융회사의 선택에 주의해야 한다. 예컨대 증권사들은 주식과 채권이 섞인 펀드에 주로 투자하도록 권하지만, 은행은 안전한 예금 자산에 대부분을 넣도록 한다. 따라서 이번 금융위기처럼 주식시장이 쑥대밭이 된다면, 그리고 그 후유증이 오래간다면 공격적으로 퇴직연금을 굴릴 때 손실이 커질 수 있다는 소리다. 하지만 주식의 장기적인 성장 가능성을 믿는다면 DC형이 수익률 면에서 나을 가능성이 더 크다.

DB형은 근속연수를 감안하기 때문에 가만히 있어도 월급이 꾸준히 오르는 연공서열식 업체, 그리고 회사가 튼튼해 임금을 떼일 걱정이 없는 경우에 적합하다. 반면 이직이 잦아서 근무 기간이 짧은 경우거나 퇴직금 지급 여력이 떨어지는 소규모 회사의 직원이라면, 근속연수를 감안하지 않고 일정한 돈을 지급해서 이를 굴리는 DC형이 유리하다. 일단 금융회사와 계약하기 전에 과거 수익률 기록도 꼼꼼하게 점검해보는 지혜가 필요하다. 스스로 투자의 기본기가 닦여 있지 않다면 가입자에게 성실한 설명을 해주는 회사를 골라야 한다는 점도 새겨두자.

일반인들이 잘 모르지만 놓치기 아까운 팁들이 몇 가지 더 있다. 목돈이 필요하면 퇴직연금에서 '중도인출제'와 '담보대출제'를 활용할 수 있다. 중도인출은 DC형에만 적용된다. 무주택자가 집을 사거나, 가입자 또는 부양가족이 6개월 이상 요양을 필요로 할 때, 천재지변이 발생했을 때처럼 법에서 지정한 조건에 맞으면 도중에 돈을 뺄 수 있다. 담보대출은 DC형와 DB형 모두 가능하다. 역시 중도인출의 경우와 같은 사유가 있어야 돈을 빌릴 수 있다. 덤으로 소득공제도 혜택도 누릴 수 있다. DC형의 경우, 회사가 내는 적립금 외에 직원이 추가로 돈을 투자하면 연금저축과 합산해 연 300만 원까지 소득공제를 해준다.

최후의 보루, 주택연금

2007년 7월, 주택금융공사가 주택연금을 출시해 한창 주목을 끌었다. 쉽게 말해 살던 집을 담보로 잡히고 연금을 받는 것이다. 집을 사기 위해 담보대출(모기지론)을 받는 것이 아니라, 거꾸로 살던 집을 담보로 잡히고 연금을 수령한다고 해 '역모기지론'으로도 불린다. 죽을 때까지 연금을 지급하고, 가입자가 사망하면 집을 처분해 연금을 회수하는 방식이다.

어느덧 자식들을 다 키워서 사회로 내보내고 노후를 맞은 자가주택 소유자들에게 어울리는 상품이기도 하다. 구체적으로 만 65세 이상이면서 1세대 1주택자로, 시가 9억 원 이하의 집을 가졌을 때 이 상품을 이용할 수 있다.

그런데 처음 이 상품이 출시되었을 때 결코 성공하지 못할 것이라는 부정적 시선이 대부분이었다. 대한민국의 풍토가 어떤가. 대부분의 자식들은 부모가 집을 물려주기를 바라고, 부모들 역시 이런 관행을 당연하게 생각하는 경우가 많다.

실제로 필자는 주택연금이 출시된 뒤 금융회사 창구를 돌아봤는데 자식들 눈치 때문에 선뜻 이 상품을 선택하지 못하는 노인들이 많다는 얘기를 들었다. 슬쩍 말을 꺼냈다가 집안싸움까지 날 뻔한 경우도 있었다고 한다. 때문에 2007년 출시 첫해에 주택연금은 겨우 500여 명이 가입하는 데 그쳤다. 원래 역모기지론은 2004년, 시중 은행에서 먼저 취급했다가 비슷한 이유로 별 반향을 얻지 못했다. 특히 만기가 15~20년으로 짧아서 그 뒤로도 생존해 있으면 집도 잃고 생활비도 없이 살아야 하는 폐단이 있었다. 더욱이 집을 신주단지 모시듯 떠받드는 사회 분위기에서 집을 담보로 잡히고 생활비를 탄다는 것이 왠지 꺼림칙하다는 사람들도 많았다.

하지만 이제 이런 풍토는 바뀌어야 한다. 자녀들에게는 냉혹하게 비쳐질지라도, 그리고 젊어서 피땀 흘려 장만한 아파트가 아무리 소중할지라도, 늘그막에 당장 먹고 살 돈이 궁해진다면 모두 무용지물 아니겠는가.

얼마 전 주택금융공사가 분석한 결과에 따르면, 평균적으로 수도권에 2억 4,000만 원짜리 아파트를 가진 74세 노인들이 이 상품의 주 이용자였다. 특히 강남 지역 사람들(30.5퍼센트)보다는 강북 사람들(69.5퍼센트)이 압도적으로 많았는데, 당시 6억 원 이하의 주택자만 이 상품에 가입할 수 있었기 때문이었다. 보유한 주택의 가격은 1억~2억 원이 가장 많았으며, 이용자들은 월 평균 100만 원가량을 받았고 많게는 300만 원 넘게 수령한 사람도 있었다. 현재 주택금융공사는 더욱 많은 사람을 유치하기 위해 카멜레온형 주택연금을 선보이고 있다. 최근에 출시된 '감소형 연금'이 대표적이다. 예컨대 3억 원짜리 아파트가 있는 75세 가입자가 첫해엔 월 163만 원을 받고, 10년이 지나면 120만 원으로 수령액이 줄어드는 식이다. 점점 더 나이가 들수록 생활비가 줄어드는 현실을 반영한 상품이다.

만약 필자가 지금 65세이고 3억 원짜리 아파트를 가졌다면 월 86만 5,000원씩 받을 수 있다. 아직은 자격 조건이 안 되는 중장년층 입장에서는 앞으로 주택연금을 얼마나 활용할 수 있을지 궁금할 것이다. 필자도 혹시나 해서 주택금융공사에 문의해보니 "변수들이 복잡해 10년, 혹은 20년 뒤의 연금액을 지금 추정하기는 곤란하다"는 답변을 들었다. 일단 지금의 집값 기준으로 자신이 얼마나 주택연금을 받을 수 있는지는 주택금융공사 홈페이지(www.khfc.co.kr)를 방문하면 확인할 수 있다.

주택연금이 궁금해!

주택연금은 새내기 상품이고 개념도 생소해 헷갈린다는 사람이 많다. 그러나 소중한 집을 담보로 잡히고 이용하는 만큼 특징을 꿰뚫고 있어야 후회하지 않는다. 특히 집값이 떨어지면 연금액도 줄어드는지, 아파트 가격이 가입 때보다 올라도 연금을 받을 수 있는지 등 궁금한 부분이 많을 것이다. 2008년 말 기준으로 자세한 세부내용을 짚어보았다.

Q. 3억 원짜리 아파트를 가진 65세 동갑내기 부부인데, 주택연금으로 얼마나 혜택을 받을 수 있나. 나중에 집을 처분한다는데 얼마나 이용해야 손해를 안 보나.

A. 월 86만 5,000원을 받을 수 있다. 연령과 주택 가격별로 얼마나 연금을 받을 수 있는지는 부록의 표를 참고하면 된다. 지금 65세라면 86세까지 생존해서 20여 년간 연금을 받으면 본전을 뽑는다. 주택연금은 집값이 해마다 3.5퍼센트씩 오른다고 가정하는데, 86세가 되면 그동안 받은 혜택(연금+이자 총액)과 집을 팔았을 때의 가격이 같아지는 '크로스 오버cross over' 시점에 도달하게 된다. 만약 100세까지 산다면 35년간 20억 원을 대출받는(수령하는) 효과가 나는데 그때 집값은 10억 원 가량이 될 것이다. 즉 주택 가치에 비해 10억 원의 이익을 추가로 누리는 셈이다. 오래 살수록 이익이라는 뜻이다.

Q. 부동산 값이 대세 하락에 접어들었다는 시각이 많다. 집값이 떨어지면 연금액도 줄어서 손해를 보게 되지는 않나.

A. 가장 많이 오해하는 내용 중 하나다. 그러나 집값이 떨어져도 기존 계약은 유지된다. 월 연금 수령액도 변하지 않는다. 가입 대상자들은 대개 '부동산 상승기에 이용해야 담보로 잡히는 집값의 가치가 올라서

연금액이 많아질 것'이라고 생각하는데, 연금액은 바뀌지 않는다는 점을 생각하면 하락기에도 이익이 될 수 있다는 소리다.

Q. 그렇다면 아파트 값이 오르면 손해 아닌가.

A. 물론 집값이 갑자기 몇 년 사이에 급등할 수도 있다. 이러면 연금액이 적어서 손해를 본다고 생각할 수도 있다. 그러나 수시인출 제도를 이용해 기존 연금을 갚아버리고 상승한 주택 가격을 적용해 다시 주택연금에 가입할 수 있다. 일반 대출처럼 '갈아타기'가 가능하다는 말이다.

Q. 피치 못할 사정으로 이사를 가면 어떻게 되나. 집값이 달라지지 않나.

A. 주택연금의 기본 골격은 처음에 담보로 잡혔던 집을 팔아서 그동안 받았던 연금(이자 포함)을 갚는 방식이다. 이사도 마찬가지다. 연금의 대상 주택을 팔면 기존 연금 대출액을 상환해야 한다. 가입자 입장에서는 불편하게 느껴질 수 있다. 그래서 최근 새로운 시행령을 입법예고했는데, 주택금융공사가 해당 아파트에 대해 설정한 저당권을 두 번째 주택으로 이전하도록 했다. 물론 이때 연금액은 새 집값에 따라 달라진다.

Q. 원래 6억 원 이하의 주택이 대상이었다는데 어떻게 바뀌었나?

A. 주택연금은 소득세법 시행령의 '고가 주택' 기준에 따라 대상자가 결정된다. 정부는 2008년 가을에 고가 주택의 기준을 6억 원에서 9억 원으로 높였다. 이에 따라 주택연금을 이용할 수 있는 대상자도 더욱 늘어나게 됐다. 집값은 '한국감정원 인터넷 시세 → 국민은행 인터넷 시세 → 한국감정원 정식 감정평가액'의 순서에 따라 먼저 조회되는 가격을 적용한다.

Q. 만약 기존에 갚지 못한 주택담보대출이 남아 있어도 연금에 가입할

수 있나?

A. 가능하다. 주택연금의 골격은 크게 '종신형'과 '종신혼합형'의 두 종류로 나뉜다. 그중 혼합형은 연금대출 한도의 30퍼센트(최고 9000만 원)를, 중간에 목돈이 필요할 때 쓸 수 있도록 했다. 도박이나 사치성 오락의 목적을 제외한 의료비나 관혼상제비 등에 자유롭게 활용할 수 있는데, 특히 지난 3월부터 기존 담보대출을 갚는 데도 이용할 수 있도록 규정을 바꾸었다.

Q. 노후의 가장 큰 적은 인플레이션이다. 월 연금액이 10년, 20년 뒤에도 같다면 구매력이 줄어서 생활이 어렵지 않을까?

A. 그 단점을 보완하려고 얼마 전에 '월 지급액 증가 옵션'을 새로 만들었다. 이 방식을 선택하면 해마다 3퍼센트씩 연금이 늘어난다. 예컨대 65세 부부가 표준형으로 가입하면 월 86만 5,000원씩 받지만 이 옵션을 이용하면 가입 때는 64만 원, 10년 후에는 86만 원, 20년 후에는 116만 원으로 수령 금액이 점차 증가한다.
반대로 노년 초기에 소비를 많이 할 것으로 예상된다면 '월 지급액 감소 옵션'을 택할 수도 있다. 65세 가입자가 처음에는 110만 원을 받다가 10년 후에는 81만 원, 20년 뒤엔 60만 원을 받게 된다.

Q. 왜 이렇게 이용자가 적은가.

A. 광고와 홍보를 많이 하는 편이지만 한국에서는 아무래도 집에 대한 애착이 너무 강하다. '내 집은 내가 쓰고 가겠다'는 인식의 전환이 필요하다. 또 가입자가 일찍 사망하면 연금 수령액보다 집값 처분액이 많기 때문에 손해가 아니냐고 생각하는데, 주택을 팔아서 생긴 돈 가운데 그동안 받은 혜택을 빼고 남는 금액은 상속인에게 돌아간다.

1분 1초라도 젊었을 때 시작하라

이제 연금을 모두 더해볼 차례다. 필자가 국민연금·개인연금·퇴직연금·주택연금을 총동원하면 65세가 됐을 때 손에 넣는 돈이 804만 원에 이른다. 각 상품의 수익률은 연 5퍼센트로 가정했고, 모두 미래 시점의 가치로 따진 것이다. 품위형 노후를 보내는 데는 조금 못 미치는 액수지만, 기본형 노후는 충분히 보장하고도 남는다. 젊었을 때 연금 상품을 우습게 봤다가는 큰 코 다친다는 얘기다. 노후자금 계획을 짤 때 제1의 디딤돌로 연금부터 떠올려야 하는 이유다.

물론 위의 계산은 매년 일정한 수익률이 보장된다는, 지극히 낙관적 가정을 토대로 한 것이다. 실제로 그렇게 되기란 여간 어려운 일이 아니다. 여의도의 투자 고수들이 한결같이 하는 소리가 "해마다 10퍼센트 수익률을 올리면 초절정 고수"라는 것이다. 생업이 따로 있는 일반인들이 시장을 주시하면서 연간 5~10퍼센트 안팎의 수익을 올리기는 더욱 어렵다. 연금이 노후설계의 기본이고 무시할 수 없는 금액을 기대할 수 있지만 '노후를 확실하게 보장해준다'고 전적으로 믿어서는 안 된다는 말이다. 그러므로 각종 주식형 펀드며 자기계발을 통해 추가적인 대비를 해야만 한다.

사실 필자도 이번 기회에 연금을 요조조모 짚어보면서 꽤나 놀랐다. 평소 막연하게 '국민연금 몇 푼 받아봤자 노후에 무슨 도움이 될까?' 하고 생각했기 때문이었다. 물론 그러한 노후의 우산은 하나하나 따로 떼어내서 보면 그리 큰돈이 아닌듯 보이지만, 하나

로 합체할 때 무시 못 할 위력을 발휘한다는 사실을 기억해두어야
한다. 노후준비는 만루 홈런이나 로또처럼 한 방에 해결되는 것이
아니기 때문이다. 노후준비의 밑바닥 토대를 이루는 상품은 연금
이라는 사실을 다시 한 번 명심하자.

이 대목에서 지금 불황을 맞아 입에 풀칠하기도 힘든데 노후준
비 할 여윳돈이 어디 있느냐고 하소연할 사람들도 많을 것이다. 맞
는 말이다. 2008년 여름의 통계청 가계수지를 보자. '월급 364만
원 - 지출 310만원 = 저축 여력 54만원.' 대한민국 40대 가장의 평
균적인 주머니 명세서다. 앞으로의 통계를 봐야 알겠지만 실물경
제가 어려워질 2009년에는 저축 여력이 더 줄어들 것으로 보인다.
아무튼 중년에 접어드는 한국인들이 노老테크에 활용할 수 있는 돈
은 평균 54만원이다. 물론 저축액도 고려를 해야 할 것이다. 40대
가구의 평균 저축액은 6,700만 원으로 집계됐는데 빚이 평균
5,200만 원이니 그리 안심할 일이 못 된다. 아파트 자산의 가격은
평균 2억 1,000만 원이지만 하락세가 얼마나 더 가파를지는 알 수
없다. 사정이 이러니 앞에서 분석한 월 227만 원이며 월 397만 원
도 나중에는 모두 뜬금없는 얘기가 될 수도 있다.

그렇다면 평균적인 저축 여력이라는 월 54만원으로 과연 노후
를 준비할 수 있을지 따져보자. 만약 40세 부부가 65세에 은퇴해
서 85세까지 산다면 기본형 노후(월 227만원)를 설계한다 해도 54만
원으로는 턱도 없다. 100만 원 이상을 각종 금융상품에 더 투자해
야 한다는 계산이 나오는데, 아이들 사교육비를 생각하면 투자 금
액을 늘리기가 갈수록 벅찰 것이다.

투자 금액이 적다면 수익률을 높이면 되지만, 반토막 펀드가 말해주듯 이 또한 결코 만만한 일이 아니다. 수익률에 자신이 없다면 시간을 앞당기는 방법도 있다. 1분 1초라도 젊었을 때 노후자금 목표액을 산정해놓고 돈을 붓기 시작하는 것이다.

끝으로 노후자금이나 목표자금을 계산할 때 유용한 사이트를 하나 소개한다. 필자도 우연히 발견했는데 국민연금관리공단 사이트를 방문해서 화면 오른쪽의 '재무 계산기' 아이콘(http://csa.nps.or.kr)을 클릭하면 현재 돈을 미래가치로, 미래의 돈을 현재가치로 간편하게 계산할 수 있다. 또 월복리로 얼마나 오래, 어느 정도의 금액을 납입해야 원하는 목돈을 만들 수 있는지도 간단하게 구할 수 있다. 목표로 하는 노후자금과 이용할 수 있는 상품을 추려본 뒤 직접 한번 계산해보자. 구체적인 돈의 액수를 눈으로 확인하면 노후를 준비하는 마음가짐부터 달라질 것이다.

3개의 딴 주머니를 차라

FIVE

노후설계 전도사로 유명한 미래에셋의 강창희 투자교육연구소장은 지금도 1년에 300회 넘게 전국을 돌며 자산관리 노하우를 전파하는 왕성한 정력을 자랑한다. 필자는 중앙일보 경제부에서 재무설계 조언 코너인 '재산 리모델링'을 담당할 때 그와 인연을 맺었는데, 투자자들 앞에서 언제나 구수한 입담으로 좌중을 사로잡는 모습이 인상적이었다.

강 소장이 노후대책으로 강조하는 내용 중에 '3개의 주머니 이론'이라는 것이 있다. 저축 주머니, 트레이딩 주머니, 자산형성 주머니를 따로 차고 분산투자를 해야 성공한다는 지론이다. 그중에서 저축 주머니는 누구나 꼭 허리춤에 꿰차야 한다. 구체적으로 6개월

정도의 생활비며 학자금, 대출상환금 등을 예금이나 머니마켓펀드
MMF 같은 저축형 상품으로 보유하는 걸 말한다. 요즘같이 시절이
수상할 때는 더욱더 신경을 써서 관리해야 하는 주머니다.

다음은 트레이딩 주머니다. 직접 주식이나 파생상품에 투자하는
돈을 말한다. 강 소장은 이를 '오락 주머니'라고도 부른다. 즉 실
패해도 가벼운 마음으로 털어버리고 미련을 두지 않아야 한다는
것이다. 그러려면 많은 돈을 묻어두어서는 안 된다. 전체 금융자산
에서 트레이딩 주머니가 차지하는 비중을 20퍼센트 아래로 유지
해야 한다.

끝으로 자산형성 주머니는 펀드며 변액연금 같이 노후를 위해
오래도록 푹 묵혀두는 녀석이다. 일기예보처럼 변화무쌍한 주가의
변동성에 개의치 말고 느긋한 마음으로 열매를 기다려야 이 주머
니를 잘 보존할 수 있다.

연금의 중요성을 강조하는 것은 강 소장도 예외가 아니다. 그 역
시 "노테크의 기본은 연금"이라고 압축했다. "부부가 별도로 국민
연금에 가입하면 더 좋아요." 실제로 직장이 없는 주부들도 임의
가입 형식으로 국민연금에 들 수 있다. 강 소장은 "개인투자자들
이 ELS 같은 어려운 상품에 투자하는데, 실상 이런 것은 전문가용
이고 개인들이 함부로 돈을 넣다가는 낭패를 당하기 쉽다"는 조언
도 곁들였다.

그가 노후대비에 관한 메시지를 설파하고 다니면서 안타깝게 느
꼈던 점은 자녀에게 손을 벌리려는 관행이 아직도 여전하다는 사
실이다. 실제로 한국과 일본의 60세 이상 은퇴자에게 '노후 생활

비를 어떻게 조달하겠느냐'고 물었더니, 한국인의 절반가량이 '자녀나 친척의 도움을 받겠다'고 답한 반면에 일본인은 이런 응답이 4퍼센트에 그쳤다. '아이들이 어떻게든 먹여 살려주겠지.' '애지중지 키웠는데 노후쯤은 책임지겠지.' 하는 안이하고 현실과 동떨어진 생각이 노후대비를 소홀하게 만들고 결과적으로 서글픈 노년을 맞게 할 수 있음을 기억하라.

아소비고코로遊心, 노후의 꿈

50대 중반인 푸르덴셜투자증권의 정진호 사장은 늘 말쑥한 정장 차림에 점잖은 말투와 세련된 몸가짐을 유지하기 때문에 언뜻 보기에도 신사의 풍모가 풍긴다. 그렇다고 전형적인 중년 남자를 연상해서는 곤란하다. 그는 누구보다 자유분방하고 색다른 시각으로 인생을 살고 노후를 준비하는 사람이기 때문이다.

노후준비에 관해서는 일가견이 있다는 소리를 듣고서 언젠가 서울 역삼동 푸르덴셜 빌딩에 있는 그의 사무실을 방문했을 때, 그는 뜻밖의 이야기로 말문을 열었다. 증권사 사장인지라 돈 얘기나 펀드 얘기를 잔뜩 늘어놓을 줄 알았는데, 그가 꺼낸 주제는 바로 '꿈'이었다. 정 사장은 "한 해 두 해 점점 나이를 먹으면서 노후에 무슨 일을 하고 싶은지 목록을 적어본다"고 말했다. 억지로 해야 하는 일이 아니라 정말 하고 싶은 일이 뭔지 곰곰이 생각해본다는 이야기에 필자도 공감이 갔다.

그래서 1순위에 오른 일이 무엇이냐고 물어봤다. 그는 주저 없이 '재즈 피아니스트 되기'라고 말했다. 알고 보니 정 사장은 음악 애호가로 평소 피아노와 클라리넷 연주를 즐긴다고 했다. 한때 친구와 함께 재즈바를 인수해 운영했을 정도라니 마니아라고 부를 만했다.

 혹자는 이렇게 생각할지도 모르겠다. 증권사 사장 정도면 억대 연봉을 받을 테고 노후준비도 걱정 없으니 남들보다 여유롭게 생각하는 게 당연한 것 아니냐고. 필자로 그와 비슷한 의미의 질문을 던져보았더니 정 사장은 단호하게 답했다. "일본에는 아소비고코로라는 말이 있습니다. 우리말로 바꾸면 '놀고 싶은 마음'이 중요하다는 얘기쯤 될까요. 즐기는 마음으로 꿈을 가지면 자신의 일을 할 수 있고, 결국 노후준비든 인생이든 승리하는 사람이 됩니다."

이렇게 가볍게 마음을 먹으니 도처에서 하고 싶은 일이 나타났다고 했다. 최근에 목록에 추가한 '화풀이 상담사'도 그중 하나다. 그가 어느 지점을 방문했을 때였다. 주가 하락에 거세게 항의하는 고객 앞에서 창구의 여직원들이 옴짝달싹 못하고 고개를 숙이고 있었다. 손님이 간 뒤에 조용히 다가가 물어보니 그런 스트레스 때문에 한약까지 지어먹는다고 토로했다. 그때 24시간 문을 여는 상담실을 만들고 싶다는 생각을 처음 떠올렸다. 조리 있고 차분한 화법, 현장에서의 오랜 경험을 토대로 금융맨들이 어깨를 기대고 고해성사할 수 있는 상담사로 일하면 보람이 있겠다는 생각이 들었다. 거창한 사업 프로젝트 대신에 주변을 여유롭고 세심하게 둘러보면서 노후의 일자리 후보를 찍어놓은 것이다. 이뿐만이 아니다. 훗날 영화감독인 아들과 영화사를 차려 영화를 찍고픈 마음도 있다. 가족이라는 든든한 울타리 안에서 노후를 도모하는 '안방 창업'인 셈이다.★

노후를 준비할 시간이 남아 있는 20~50대는 그래도 아직 여유롭다. 아무 준비를 하지 못한 60대는 어떻게 해야 할까. 투자를 하기에는 너무 늦은 감이 없지 않다. 일자리를 새로 구하기도 쉽지 않고, 그렇다고 손가락만 빨고 살 수도 없다.

서울 강남에 사는 65세의 박 씨는 자영업을 하다가 2년 전 은퇴하고 아내와 함께 단출한 노년을 보내고 있다. 박 씨에게는 10억 원이 넘는 썩 괜찮은 아파트가 있다. 하지만 지금까지 자녀들의 교육비며 결혼자금 등으로 목돈을 지출하다보니 정작 노후준비에는 소홀했다. 그나마 일을 그만두면서 받은 점포 보증금 6,000만 원을 2006년 말 주식형 펀드에 넣었지만 금융위기로 손실을 크게 입어 쳐다볼 엄두조차 나지 않는다. 지금 가진 돈으로 몇 년치 생활비나 충당할 수 있을지 자신이 없어 마음 한구석이 늘 불안하다. 물론 출가한 자식들이 있지만 손을 벌리기는 싫기 때문이다.

PB들 얘기를 들어보면 강남에도 박 씨 같은 사람들이 꽤 많다고 한다. 이른바 '부동산 거지'의 위험에 직면한 이들이다. 60대 이상의 은퇴자는 현금 흐름이 딱 끊길 위기에 놓인다. 특히 최근 금융위기의 파고 속에서 이런 상황에 맞닥뜨린 사람들은 점점 늘고 있다. 월 소득과 보유한 현금의 양은 늘지 않는데 주택담보대출 금리는 슬금슬금 올라가고, 아파트는 내놓아도 팔리지 않는다. 특히 한국은 노인가구가 400만을 넘는데 아파트나 땅 같은 재산은 있지만 고정 수입은 없는 가구가 30퍼센트를 넘는다. 기본적으로 60대는 '지출형 삶'을 살아갈 수밖에 없는 상황에 처해 있다.

하지만 방법은 있다. 바로 아파트 리모델링이다. 아파트 인테리어를 예쁘게 새로 하라는 말이 아니라 집 자체를 줄이고, 팔고, 이사하는 축소지향형 전법을 통해 현금을 확보하라는 소리다. 미래에셋증권의 정상윤 자산관리전문 세무사는 "생활비로 골치를 썩는다면 지체 없이 작은 평형이나 변두리의 아파트로 옮기는 것이 상책"이라고 말했다. 양도세가 부담스럽긴 하지만 입에 풀칠할 걱정이 드는 판국이라면 세금을 각오해야 한다는 것이다. 젊었을 때는 부동산 자산의 비중이 70~80퍼센트에 달해도 월급이 꼬박꼬박 나오니 곳간 관리에 문제가 없지만, 노년기에 접어들면 이를 줄이고 현금성 자산을 50퍼센트 이상으로 유지해야 안전하다.

60대는 현금 곳간을 불리는 문제도 다른 각도에서 접근해야 한

다. 상식적으로 노년기에는 위험이 적은 안전자산에 보수적으로
종잣돈을 굴리는 것이 제1의 덕목이었다. 그러나 이러한 전략에도
한계는 있다. 누누이 말했지만 장생長生의 리스크가 갈수록 뚜렷해
지면서 60대 이후에도 20년~30년 동안 먹고 살 생활비가 필요해
졌다. 만약 은행에만 목돈을 넣어놓고 야금야금 까먹다간 언제 구
차한 도움의 손길을 요청해야 할지 모른다.

세심한 안목으로 높이 평가받는 교보증권의 김종민 금융상품기
획팀장은 필자에게 '3+50 법칙'의 활용법을 일러주었다. 먼저 금
고를 싹싹 털어서 3년치 생활비를 뚝 떼어 정기적금에 넣는다. 나
머지 돈으로는 '투자 포트폴리오'를 작성한다. 채권을 편입한 혼
합형 펀드나 주식형 펀드 등에 넣어서 '이자+α'의 수익률을 노리
는 전략으로 가는 것이다. 물론 간단한 방법은 아니다. 이번 금융
위기를 통해 펀드로 돈을 불리기가 얼마나 어려운지 모두가 절감
했을 것이다. 무엇보다 노인들은 젊은이들처럼 장기투자를 할 수
가 없다. 수익이 어느 정도 나면 찾아서 생활비로 충당하거나 저축
을 하고, 남은 돈은 재투자를 하는 식으로 현금을 공급할 우물을
만들어야 한다.

한국재무설계의 이충구 국제공인재무설계사CFP 또한 마음에 와
닿는 조언을 들려주었다. "먼저 내 몫부터 챙기세요." 한국의 부모
들은 등골이 휘도록 자식들을 챙기며 사교육비나 결혼비용 등을
대부분 책임진다. 그러다보니 은근히 '자식이 노후의 든든한 보
루'라는 생각을 하게 될 수 있다. 물론 자식 신세 안 진다는 사람
이 늘고 있지만 가슴 한구석으로는 누구나 자식이 노년에 효도해

주기를 바랄 것이다. 그런데 자식들은 어떨까. 통계조사에서도 확인되었듯이 요즘 젊은 세대의 상당수는 "부모 노후는 스스로 책임져야 한다"고 생각한다. 섭섭해도 그게 현실이다. 따라서 사교육비에 수십 만 원, 수백 만 원씩 쏟아 붓지 말고 수입의 10퍼센트 정도는 원래 없는 셈치고 노후를 위해 악착같이 장기투자해야 한다.

부자로 죽지 말고 부자로 살라

70 대 중반의 농부 이 씨는 땅값이 오르면서 80억 원대 재산을 가진 부자가 됐다. 그런데 한 달에 쓸 수 있는 돈은 고작 100만 원 남짓이다. 자린고비 뺨칠 만큼 짠돌이라서가 아니라, 주머니와 통장에 현금이 없어 당장 쓸 돈이 넉넉지 않기 때문이다. 땅이 쉽게 팔리는 것도 아니다. 그의 자식들 역시 '부자 집안' 소리를 듣지만 속내를 들여다보면 정작 본인들의 집도 없다. 땅을 자식들에게 물려주면 상속세만 30억 원이 나올 판국이라 이 씨의 고민은 쌓여만 가고 있다. 그만한 세금을 낼 돈이 없기 때문이다.

대한생명의 신호영 경인 파이낸셜어드바이저FA 센터장이 들려준 의미심장한 사례다. 그는 "물론 극단적인 사례지만 집이나 땅만으로는 행복한 노후를 보내기 어렵다는 이치를 극명하게 보여줍니다. 어떻게 현금흐름을 창출할지가 은퇴설계의 열쇠에 해당해요." 그는 부자로 살다가 세상을 떠야 하는데, 한국에는 돈도 제대로 못 쓰고 그저 부자 신분으로 생을 마감하는 경우가 많다고 했다. '부자로 살되, 부자로 죽지는 말라'는 구호를 늘 명심할 일이다. 악착같이 일해서 모은 돈을 제대로 누리지도 못하고 간다면 무슨 소용이 있겠는가.

그러면서 그는 일본 얘기를 꺼냈다. "일본인은 근면하고 절약도 많이 하는 것으로 유명합니다. 그래서 노후준비도 잘할 것 같지만 실제로는 반대라는 사실 아세요?" 얘기인즉슨 재산이 부동산 위주로 되어 있다는 것이다. 절반 정도는 금융자산으로 만들어야 생활비 쓰는 데 지장이 없는데 이와는 정반대인 셈이다. 물론 부동산을 전적으로 도외시하는 것도 옳지는 않다. 임대 수입처럼 현금창출의 공신이 되는 부동산은 바람직하다.

수많은 고객들에게 재무와 노후 설계를 해준 덕에 풍부한 실전 경험을 쌓은 신 센터장은 "슈퍼맨의 꿈부터 버려야 노후준비가 한결 손쉽다"고 귀띔했다. 금융상품은 갈수록 복잡해지고 펀드만 해도 1만 개를 훌쩍 넘었으니 전문가들도 헷갈릴 수밖에 없다. 이번 거품이 붕괴되는 과정에서 ELS 같은 파생상품을 만만하게 보고 달려들었다가 낭패를 당한 투자자들도 적지 않았다. 2009년부터 자본시장통합법이 실시되면 구조가 복잡하고 희한한 상품들이 더욱 봇물을 이룰 것이다.

신 센터장은 이렇게 조언한다. "혼자서 고집스럽게 개인연금을 고르고, 보험에 가입하고, 펀드를 찍어 맞추어서는 성공하기 힘듭니다." 슈퍼맨인 양 혼자서 끙끙대지 말라는 소리다. "재정 집사한 명을 두면 증권, 보험, 은행, 세무 쪽으로 모두 촉수를 뻗어둘 수 있습니다."

몇 억씩 돈을 투자하는 것도 아닌데 언감생심 프라이빗뱅킹 서비스를 꿈꿀 수 있겠느냐고 푸념할 필요는 없다. 여러 번 말했지만 요즘엔 자산관리사들이 많아져서 꼭 부자가 아니어도 충분히 이런 재정 집사를 만들 수 있다. 보험사의 실력 있고 성실한 FP 한 사람만 제대로 만나도 가능한 일이다. 신 센터장은 "꼭 유명한 FP가 아니어도 괜찮아요. 요즘은 금융회사들이 구조적으로 지원을 하니질 좋은 서비스를 받을 수 있습니다." 하고 조언했다. 단 해당 업체에 오래 몸담은 사람을 고르는 것이 좋다. 즉 직원의 경력을 확인해보고 결정하는 것이 현명한 방법이다.

"돈 못지않게 중요한 것은 건강입니다. 한 달에 병원비가 수십만 원씩 나오면 수십 년간 갈고 닦은 은퇴자금도 몽땅 날아가지요." 신 센터장은 이렇게 이야기를 마무리했다. 자산관리 전략은 슈퍼맨처럼 단독으로 결정해선 안 되지만, 몸 관리에서만큼은 슈퍼맨을 꿈꿔야 노후가 빛날 것이다.

FUND

part 05

리스크가 없다면
희망도 없다

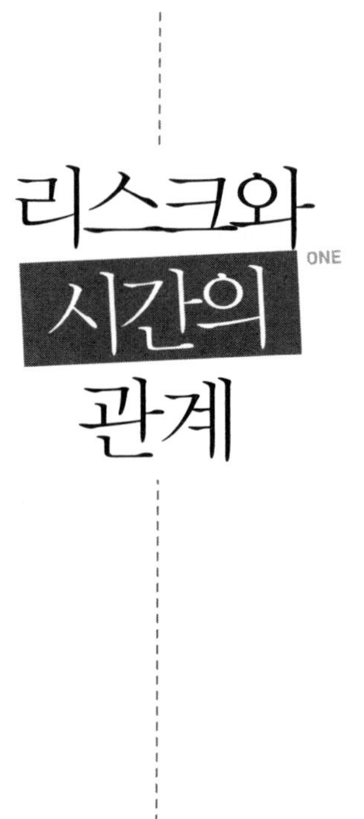

인류는 고대부터 동물의 복사뼈로 주사위를 만들어 도박을 했다고 한다. 도박을 하건 주식을 하건, 자신이 기대하는 것과는 다른 엉뚱한 결과가 나올 가능성은 얼마든지 있다. 바로 리스크라는 애물단지 때문이다. 리스크를 읽어내는 능력은 원래 신의 영역에 속한다. 마법의 수정구슬을 손에 넣지 않는 한 미래는 언제나 불확실할 뿐이다.

그러나 인간은 굴하지 않았다. 언제나 리스크에 맞서려 했고, 때때로 좋은 결과로 보답을 받았다. 피터 번스타인의 역작으로 최근 금융위기에 직면해 새롭게 주목받는 《리스크》(한국경제신문사)라는 책을 보면 인류가 이를 극복하기 위해 얼마나 치열하게 싸워왔는지 생생하게 드러난다. 일례로 그리스의 철학자 탈레스는 BC 6세기에 올리브 압착기를 빌릴 수 있는 권리, 즉 옵션을 미리 사놓았다가 풍년기에 떼돈을 벌었다고 한다. 풍년이 들지 않으면 압착기를 빌리지 않으면 그만이다. 탈레스는 장래의 불확실한 '날씨 리스크'에 옵션이라는 방패를 더해 돈으로 전환했던 것이다.

서양에서만 그런 것은 아니었다. 17세기 일본에서는 도쿠가와 막부 시대의 영주들이 장차 수확할 쌀을 담보로 하여 증권을 발행했다. 지금으로 치면 일종의 선물先物 거래였던 셈이다. 리스크를 피해가려는 노력은 1952년 '계란을 한 바구니에 담지 말라'는 이론으로 절정에 이르렀다. 당시 25세였던 해리 마코위츠가 시카고 대학의 박사 논문에서 서로 상관도가 낮은 자산에 골고루 분산투자해야 이익을 낼 수 있다는 '포트폴리오 이론'을 창안한 것이다.

번스타인에 따르면 원래 리스크라는 말은 '뱃심 있게 도전한다'는 이탈리아어에서 나왔다고 한다. 결국 인간은 리스크를 운명의 산물로 받아들인 것이 아니라 극복하고 싸워야 할 대상으로 여겼다는 뜻이다.

다시 현재로 눈을 돌려보자. 2007년 가을 이후 수많은 펀드 투자자들이 고통의 나락으로 떨어진 것은 리스크를 간과한 탓이 크다. 우후죽순처럼 펀드에 뛰어든 대중은 리스크가 무엇인지도 몰랐고, 지금 어떤 리스크가 눈앞에 놓여 있는지, 무시무시한 리스크의 소용돌이를 피할 방도는 무언지 곱씹어보지 못했다.

리스크를 제대로 본다는 것은 다가올 먹구름을 헤아리는 천리안을 가지는 것과도 같다. 그래야 튼튼한 우산도 준비할 수가 있다.

리스크부터 꼼꼼히 따지지 않으면 결국 어떤 파국이 초래되는지, 이번 금융위기로 모두들 몸서리치게 느꼈을 것이다.

2008년 초 필자는 '일기예보가 역전됐다'는 취지의 글을 썼다. 1800포인트 언저리를 맴돌던 주가가 두 달 가까이 맥을 못 추는 상황이 계속됐다. 한없이 맑았던 2007년도의 기상도는 완전히 뒤집혔고 곳곳에서 경고음이 나오기 시작했다. 한국 경제는 외환위기 이후 한 번 햇빛을 보면 15개월씩 이어졌는데, 당시 경기 상승기는 2006년 가을부터 시작됐고 이제 끝물이라는 분석도 있었다. 나라 밖에서는 이미 미국의 실물경제 위기감이 고조되기 시작했다. 서브프라임 부실이 은행의 뒷다리만 잡는 것이 아니라 일자리에까지 영향을 미친다는 지표가 속속 나타났기 때문이다. 이미 곳곳에서 리스크 온도계가 부글부글 끓어오르고 있었다. 하지만 시장에서는 여전히 '조금 지나면 괜찮겠지.' 하는 막연한 낙관론이 지배적이었다.

사실 리스크를 제대로 가려내기란 쉽지 않다. 서브프라임 사태를 떠올려보자. 저소득층을 상대로 한 주택담보대출이 부실해지는 리스크를 피하기 위해 숱한 파생상품들이 꼬리를 물고 만들어졌다. 그러나 리스크를 회피하려는 노력이 오히려 대형 리스크를 잉태하고 말았다. 월가의 천재들도 어쩔 수 없었다. 고수들도 속수무책으로 당할진대 일반 투자자들은 말할 나위가 없었다.

리스크를 간파하고 길들이려면 리스크가 무엇인지부터 알아야 한다. 원래 리스크란 '돈을 잃을 가능성'을 말한다. 따라서 리스크 회피란 결국 손실 확률을 줄이는 것을 뜻한다. 예금은 리스크가 적고, 주식과 펀드는 리스크가 크다고 하는 것도 이런 이유에서다. 주식만 놓고 보면 월스트리트에서는 '변동성'을 리스크로 정의한다. 쉽게 말해 서브프라임 불똥으로 주가가 들쭉날쭉하면 투자자들이 돈을 잃기 쉽고 이런 주가 변동성이 리스크의 본체라는 얘기다.

그러나 미국의 가치투자자 로널드 뮬렌캠프는 "월가에서 말하는 변동성은 대개 6개월짜리를 뜻한다"며 이래서는 리스크를 통제하기가 어렵다고 꼬집는다. 그는 '농부 투자론'으로도 유명한데 "진득하게 시간과 싸워야 변동성을 이겨낼 수 있다"고 역설한다. 일례로 S&P500지수(미국의 스탠더드앤드푸어 사가 작성해 발표하는 지수)의 연간 수익률 그래프를 보면 오락가락하는 수치를 확인할 수 있다. 월스트리트의 지적대로 이런 시장에 투자하면 리스크가 클 수밖에 없다. 그러나 특정 연도의 앞뒤를 묶어서 3년간의 이동평균을 그래프로 그리면 사정이 달라진다. 그전까지 마이너스와 플러스 성적표로 들쭉날쭉했던 주가 그래프가 대부분 플러스 쪽에 위치하게 된다. 필자는 이 그래프를 처음 봤을 때 무릎을 쳤다. '새의 눈'으로 하늘에서 볼 때와 '벌레의 눈'으로 땅에서 보는 시장은 그렇게 큰 차이가 있다는 것을 실감했기 때문이다.

한국의 상황도 다르지 않다. 코스피지수의 3년 이동평균 그래프를 보면 2007년까지 4년째 상승 분위기가 연출됐다. 그런데 과거 30년 동안 5년 연속 지수가 오른 시기는 '3저 호황'의 덕을 봤던 1980년대 중반뿐이었다. 아무리 대세상승이라고 떠들어도 6~7년씩 상승세가 이어지긴 힘들다는 소리다. 이렇게 시간의 간격만 조금 다르게 봐도 리스크에 맞서기가 훨씬 쉬워진다.

번스타인은 "리스크와 시간은 동전의 양면"이라고 갈파했다. 내일이 없다면 리스크도 없다는 뜻이다. 나는 이를 역으로 해석하고 싶다. 단기적인 미래의 불확실성에 너무 휘둘리면 안 된다는 얘기다. 뮬렌캠프의 혜안이 이를 잘 말해준다. 물론 그렇다고 '무조건 장기투자'를 부르짖는 것은 아니다. 누누이 말한 것처럼 과녁 없는 장기투자만큼 어리석은 짓도 없다.

한번은 위험관리 전문가로 유명한 NH투자증권의 김중구 전무에게 전화를 걸어 "투자자들에게 유용한 리스크 관리 비법을 알려달라"고 부탁했다. 그의 해답은 명쾌했다. "가장 강력한 방법은 '한도 관리'입니다. 재기할 수 없을 정도의 손실을 입으면 안 됩니다. 그런데 한국 투자자들은 그런 사람이 많지요." 즉 '나는 이 정도 손실은 감당할 수 있다'고 마지노선을 확실히 그어야 손실을 최소화할 수 있다는 소리다. 그의 조언은 '리스크 축소법'과 비슷하다. 쉽게 말해 손절매의 방법이다. 김 전무는 상대성 원칙도 강조했다. "예컨대 두 가지 주식을 비교해봅시다. 주가 변동성이 작은 삼성전자와, 변동성이 큰 코스닥의 IT 주식에 1,000만 원을 각각 투자할 때 위험 확률은 결코 똑같지 않습니다. 하지만 일반 투자자들은 그렇게 인식하지 못하지요. 1,000만 원이라는 절대 금액만 따집니다."

김 전무도 "개인 투자자들은 정보력과 자본력에서 완전 열세"라며 "단기적으로 시장을 따라가다 큰 피해를 볼 수 있다"고 말했다.

이러한 조언들은 결국 새의 눈으로 차분하게 시장을 보라는 얘기와 일맥상통한다. 이것은 비단 주가지수의 움직임에 국한되지 않는다. 사람들의 주머니 사정은 어떤지, 항구의 수출 화물선은 짐을 꽉꽉 채우고 있는지, 경제부처는 기민하고 선견지명이 있는 정책을 펴는지 등등을 모두 높은 하늘에서 조망해야 한다. '그게 웬만한 내공으로 되는 일이냐'고 말할 사람도 있겠지만, 처음부터 지레 겁을 먹어서는 결코 성공적인 투자자가 될 수 없다. 처음부터 투자의 고수로 태어난 사람은 없다. 수시로 깨지고 박살나면서 시장의 원리를 깨치고 한푼 두푼 돈 버는 이치를 알아가는 것이다.

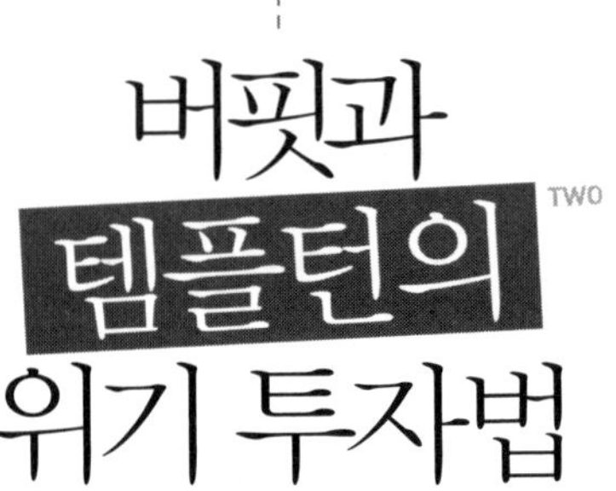

'**통**념에 부화뇌동하지 말라.'

워렌 버핏이 돈을 번 비밀을 이야기할 때 빠지지 않는 내용이다. 버핏은 미국의 카드회사 아메리칸 익스프레스(아멕스)의 사례를 대표적으로 꼽는다. 버핏은 1964년 아멕스 주식에 처음 손을 댔다. 아멕스가 1963년에 소위 '식용유 스캔들'이라는 대출 사기 사건으로 큰 홍역을 치른 뒤였다. 당시 한 투기꾼이 선박의 탱크 안에 물을 채운 뒤 그 위에 소량의 기름을 둥둥 떠워서 마치 내용물 전부가 식용유인 것처럼 속여 거액을 대출받은 세기의 사건이 벌어졌다. 이 수법에 아멕스며 뱅크오브아메리카BOA 같은 이름난 금융사들이 줄줄이 걸려들었다.

꼼꼼한 잣대로 판단을 해야 할 금융회사들이 투자 위험을 우습게 보고 덤벼들었다는 점에서 지금의 서브프라임 사태와도 흡사한 사건이었다. 당시 투자자들은 신용이 추락한 아멕스 주식을 공황 상태에서 투매했고 주가는 반토막이 났다. 아무도 쳐다보지 않는 상품이 된 것이다.

그러나 버핏은 달랐다. 당시 미국 오마하의 한 식당. 버핏은 계산대 뒤에서 사람들이 무엇으로 음식 값을 치르는지 조용히 지켜봤다. 단연 아멕스 카드가 으뜸이었다. 여행사나 은행, 약국 등 어느 곳엘 들러도 마찬가지였다. 버핏은 심지를 굳혔다. '아멕스라는 브랜드는 죽지 않는다.' 결국 그는 운용하던 자산의 절반을 털어 헐값으로 아멕스 주식을 사들였고 오랫동안 재미를 봤다. 버핏은 이번 미국발 금융위기에서도 주가가 급락한 에너지·화학 기업 주식을 열심히 사들였다. 마치 바겐세일을 만난 쇼핑객 같았다.

이번 위기가 사상 초유의 사태인 만큼 값싼 주식을 매입해 오랫동안 묵혀두는 버핏 스타일의 투자법이 들어맞지 않을 것으로 지적하는 사람들도 많다. 십수 년 이상 침체가 계속될 것이라는 비관론을 적용한 것이다.

그러나 버핏은 '개똥지빠귀가 오기를 기다리다간 봄을 놓친다'거나 '아이스하키 퍽이 있는 곳으로 스케이팅을 하지 말고, 퍽이 향할 곳으로 미리 옮겨가 있으라'는 수사를 동원해 위기를 기회로 뒤집으라고 주장한다. 사실 어떤 쪽이 맞을지는 아무도 모른다. 투자의 세계에도 일기예보를 할 때처럼 슈퍼컴퓨터가 있다면 좋겠지만 현실은 그렇지 않다.

특히 요즘 코스피지수를 보면 국내 투자자들도 매일같이 갈등의 순간에 직면하게 된다. 오늘 주가가 오르는가 싶으면 다음날 급락하고, 1000포인트 위로 거뜬히 회복하는가 싶으면 다시 마지노선이 깨질까 봐 불안해하게 되는 갈팡질팡 톱날 장세다. 이럴 때 순간적인 기술적 치료법보다 더 중요한 것이 있다.

바로 투심投心의 무게추를 잡는 일이다. 공포에 질려 쏠림이 일어나는 폭락장, 악재의 늪에서 널뛰는 롤러코스터 장에선 더욱 그렇다. 버핏이 그랬던 것처럼 대가들은 고통스러울지라도 하루하루의 투자 기상도에 휘둘리지 않았다. 대신에 쏟아지는 정보와 지난 투자사를 곱씹어 시장이 어떤 길을 갈지 나름의 시나리오를 그리고 이를 방향타로 삼았다.

얼마 전 타계한 프랭클린 템플턴은 군중심리와 거리를 두려고 아예 뉴욕에서 카리브해의 바하마로 거처를 옮겨 35년간이나 살았다. 그는 '비관의 최고조' 시점에서 주식을 사곤 했는데, 아래의 유명한 일화는 냉정한 판단이 얼마나 큰 힘을 발휘하는지를 생생하게 보여준다. 1939년 제2차 세계대전이 발발하자 28세의 템플턴은 희한한 주문을 했다. 주가가 1달러 아래인 104개 기업의 주식을 100주씩 산 것이다. 그중 34개는 이미 부도가 난 회사였다. 4년 뒤 그는 이 주식들을 팔아 4만 달러를 거머쥐었다.

물론 전설적인 고수들처럼 혜안을 갖추기란 결코 쉽지가 않다. 올해 초에도 주가가 급격하게 조정을 받자 잿빛 주식을 줍겠다고 나선 투자자들이 많았다. 그러나 반짝 반등을 거친 뒤 주가는 더욱 급락했고 투자자들의 안색은 금세 흑빛으로 바뀌었다.

역발상 투자가로 유명한 데이비드 드레먼은 자신의 요트 이름을 '역투자가contrarian'로 지을 만큼 대중과는 거꾸로 가는 투자자다. 그러나 그도 청년기인 1969년 작은 회사의 이익이 껑충 뛰는 것을 보고 다른 사람들을 따라갔다가 투자금의 75퍼센트를 날리고 위궤양까지 걸린 경험이 있다.

무엇보다 대가들은 남들보다 바닥 시점을 잘 간파한다. 이것은 주식을 살 때뿐 아니라 팔 때도 마찬가지로 적용되는 논리다. 메릴 린치의 창업주인 찰스 메릴의 일화를 보자. 그는 1928년 주가가 파죽지세로 오르고 온갖 낙관론이 횡행할 때 뭔가 심상치 않다고 여기고는 고객들에게 "지금 높은 가격일 때 주식을 처분하라"고 일렀다. 하지만 비웃음만 살 뿐이었고 주가도 계속 올랐다. 메릴은 자신의 고객이었던 정신과 의사를 찾아갔다. "자꾸 남들과 달리 생각하는 자신에게 뭔가 문제가 있지는 않냐"고 묻자, 일전에 메릴의 말을 듣고서 돈을 벌었던 적이 있는 의사는 그가 틀리지 않다고 조언했다. 결국 1929년 대공황이 엄습했고 메릴은 우량주를 헐값에 사들일 두둑한 자금을 손에 쥐고서 웃음 지을 수 있었다. 메릴의 이야기가 주는 교훈 역시 냉정한 투자를 하라는 것이다. 메릴린치라는 공룡 금융회사가 후손 대에 이르러 서브프라임 불똥을 막지 못해 팔려가는 신세가 된 것도 이런 원칙을 고수하지 못했기 때문이다. 역사의 아이러니다.

헛스윙을 피할 77개의 스트라이크 존

금융위기라는 악천후 속에서 수많은 투자자들이 삼진아웃으로 괴로워하고 있다. 득점표를 보면 콜드게임 수준이다. 이런 상황에서 안타를 때리기란 참 어려운 일이다. 헛스윙이나 병살타를 치지 않고 삼진만 안 당해도 선방했다 할만하다. 투자의 고수들은 야구경기를 보면서도 '손실 입지 않는 투자법'의 힌트를 얻었다.

워렌 버핏 또한 잘 알려진 야구광이다. 평소 그는 보스턴 레드삭스의 강타자 테드 윌리엄스가 쓴 《타격의 과학The Science of Hitting》을 자주 언급하는데, 이 책에서 말하는 3할대 타율의 비결은 간단하다. 윌리엄스는 스트라이크존을 야구공만 한 77개의 구획으로 쪼갰다. 그리고 가장 잘 칠 수 있는 곳으로 공이 들어올 때만 방망이를 휘둘렀다. 원하지 않는 공이 올 때는 그냥 넘기고 기다렸다.

버핏도 이 원리를 응용했다. 2000년에 닷컴주 열풍이 몰아쳤을 땐 원하는 스트라이크존이 아니라는 판단을 하고 조용히 인내했다. 대신 버핏은 3년 뒤 중국의 페트로차이나 주식을 샀고, 얼마 전에 처분해 여덟 배가 넘는 이익을 남겼다. 그의 선구안은 단순했다. 실제 가치의 일부만을 반영한 채 거래되는 성장성 좋은 주식을 골랐다. 그렇다면 금융위기 후폭풍으로 악송구가 속출하는 지금은 방어형 상품으로 리스크 관리에 몰두하는 것이 최선이다. 그래야 좋은 공이 날아올 때 힘껏 스윙할 수 있도록 체력, 즉 현금성 자산을 비축할 수 있는 것이다.★

'시간의 링'에서 이겨야 한다

THREE

과연 쪽박과 대박을 가르는 기준은 무엇일까. 10년 전 '바이 코리아'라는 펀드가 있었다. 텔레비전 광고에서 커다란 배가 '한국 주식을 사자'는 문구와 함께 물살을 헤치며 등장하던 장면은 아직도 기억에 남는다. 당시 현대투신이 내놓은 바이코리아 펀드는 가입 돌풍을 일으켰고 출시한 지 보름이 안 돼서 1조 원이 몰렸다.

하지만 행복감은 잠시였다. 이듬해 닷컴 거품이 허무하게 꺼지고 증시가 쑥대밭이 되면서 펀드 수익률도 고꾸라졌다. 투자자들은 공포에 질렸다. 앞 다투어 돈을 빼가려는 군중들이 행렬을 이루었다. 말로만 듣던 '펀드 런Fund Run'이 실제로 일어난 것이다.

　　요즘도 바이코리아 얘기를 꺼내면 손사래 치는 투자자들이 많다. 그만큼 거품의 후유증은 심각했다. 그런데 이 펀드가 아직도 살아 있다는 것을 아는 사람은 많지 않다. 1999년에 첫 선을 보인 이 펀드는 현재 푸르덴셜운용의 '나폴레옹 펀드'로 이름이 바뀌었다. 금융위기가 한창인 2008년 11월 기준으로 누적 수익률이 약 200퍼센트 정도였으니 성적이 그리 나쁘지는 않다. 2008년 초까지만 해도 수익률이 340퍼센트에 달했으나 주가가 워낙 폭락해 많이 떨어진 성적이 그 정도였다. 물론 10년간 200퍼센트의 수익률이라면 그리 크지 않게 여겨질지도 모른다. 하지만 연 5퍼센트의 복리 이자로 10년간 예금에 들었을 때 누적 수익률이 32퍼센트 정도라는 것과 비교하면 200퍼센트 수익률이 결코 만만치 않다는 사실을 알 수 있다.

　　나폴레옹 펀드가 악몽에서 대기만성으로 업그레이드된 비결은 '시간의 마법' 덕분이었다. 한국 경제가 꾸준히 성장하면서 일궈 낸 성과를 펀드 내부에 차곡차곡 축적해왔던 것이다. 사실 2007년 가을 이후로 거품이 꺼지면서 '주식이건 펀드건 이제 진절머리가 난다'는 투자자들이 갈수록 늘고 있다. 장기투자 하나만 철석같이 믿었던 소신파들도 점점 마음이 흔들리는 추세다. 그러나 예금에만 기대서는 제대로 돈을 불릴 수 없다. 인플레이션을 감안하면 밑지는 장사가 되기 십상이기 때문이다.

　　물론 지금처럼 어려운 시기에 은행이며 현금성 자산에 돈이 쏠리는 것은 당연한 일이다. 이런 시기에는 낙관보다 비관이 도움이 될 때가 많고 손실도 줄일 수 있다. 당분간 주가는 하락과 상승의 톱니바퀴 장세를 그리며 불안한 모습을 보일 것이다. 앞으로 본격화될 실물경제 침체가 아직 주가에 반영되지 않았기 때문이다. 그동안의 주가 하락은 금융위기 쇼크만이 투영된 것이다. 장차 기업들의 실적이 신통하지 않고 소비자들의 지갑이 얇아지면 주가며 펀드 수익률은 지금의 바닥보다 더 아래인 지하실 신세를 면치 못할 가능성이 크다.

하지만 '가지 않은 길'은 아무도 모른다. 위기의 안개가 서서히 걷히기 시작하면 어떻게 될 것인가. 지금의 불황이 회복하기까지는 상당한 시간이 필요하겠지만 희망적인 모습도 배제할 수는 없다. 그렇다면 결국에는 시간과의 싸움을 효과적으로 관리하는 투자자들이 웃을 수밖에 없다. 사실 2007년 가을의 상투에서는 워낙 많은 사람들이 펀드로 몰리는 바람에 반토막 피해가 속출했다. 하지만 몇 년 전부터 뚝심 있게 펀드를 해왔던 투자자들은 그 정도까지 손실을 보지는 않았다.

역사가 항상 정답을 제시하는 것은 아니지만 흥미로운 통계 사례가 있어 소개한다. 피델리티운용은 1만 달러를 투자했을 때 시간의 마법에 따라 수익률이 어떻게 달라지는지 측정했다. 예컨대 2002년 1월부터 2008년 1월까지 6년간 한국 증시에 1만 달러를 넣었다면 3만 6,000달러 수준으로 돈을 불릴 수 있었다. 물론 그동안 주가는 오른 적도 있었고 떨어진 때도 있었을 것이다. 재미있는 것은, 주가가 가장 많이 올랐던 10일을 투자기간에 포함시키지 않을 경우 수익은 2만 400달러로 그쳤다는 점이다. 만약 주가가 가장 많이 오른 30일을 놓쳤다면 6년 뒤 손에 쥘 수 있는 돈은 9,000달러로 오히려 손실을 보게 된다. 중국과 인도 증시도 마찬가지였다.

수많은 재테크 서적으로 베스트셀러 저자가 된 미래에셋 투자교육연구소 이상건 부소장은 "장기투자를 했을 때 버는 돈의 80퍼센트 이상은 특정 기간에 발생한 수익"이라고 말했다. 따라서 시시각각 변하는 시장의 미래를 꿰뚫는 선지자가 아닌 이상, 히트앤드런 작전으로는 장기투자의 강점을 흉내 내기가 힘들다.

헝가리 출신의 투자가 앙드레 코스톨라니의 지혜를 빌려와 보자. 그는 투자로 벌어들이는 수익을 '고통의 돈'이라고 불렀다. 그러고는 '2 × 2 = 5 - 1 공식'을 따르라고 조언했다. 무슨 소리일까. 시장이 처음 기대와는 딴판으로 흘러도(즉 2 × 2 = 4가 아니라 5가 나와도) 결국 '5 - 1'이라는 과정이 나올 때까지 인내하고 방법을 찾으면 원하는 열매를 얻게 된다는 소리다. 그는 "주식시장에서는 머리가 아닌 엉덩이로 돈을 벌라"는 명언도 남겼다.

영화 〈컬러 오브 머니〉에서 당구 고수 폴 뉴먼은 탐 크루즈에게 말했다. "이겨서 번 돈은 일해서 번 돈보다 두 배 달콤하다"고. 투자의 세계에서는 '시간의 링'이 중요한 싸움의 무대이고 여기에서 이겨야 한다. 고수들은 무엇보다도 이 점을 잘 간파했고 결국은 승리해서 달콤한 수익을 맛봤다. 워렌 버핏의 스승이자 성장주 신화를 개척한 필립 피셔가, 1955년 모토로라 주식을 사서 2004년 숨질 때까지 50년간 들고 있었던 사례는 월가에서 전설로 남아 있다.

1급 투자가들에게 배울 수 있는 교훈은 간단하다. 충분히 공부를 하고 투자할 경우 시세판의 파란불은 두렵지 않다. 여기에 인내를 보태면 신의 영역이라는 리스크를 줄일 수 있다는 것이다.

주가가 원점으로 돌아온 지금, 적립식 투자는 과연 어떤 성과를 냈을까? 뜻하지 않은 위기에 봉착한 적립식 펀드의 성적표가 궁금해 2008년 가을에 수익률을 뽑아보았다. 회사원 A씨가 한 달에 10만 원씩, 2005년 1월부터 펀드에 발을 담갔다고 가정하고 수익률 시뮬레이션을 해보았는데, 분석은 펀드평가사 제로인의 이수진 애널리스트가 맡아주었다.

결과는 의외였다. 주가가 크게 올랐다가 단박에 떨어진 3년 10개월간의 성적표를 보니, 오히려 적립식이 거치식보다 성적이 저조했다. 거북이 투자를 하면 주가 변덕에 상관없이 더 큰 열매를 딸 수 있다고 막연히 기대해온 투자자들에게는 당혹스러울 수밖에 없는 결과다.

분석 결과를 자세히 뜯어보았다. 미래에셋의 디스커버리 펀드에 적립식으로 투자했을 때 원금 460만 원은 476만 원밖에 되지 않았다. 4년 가까이 차곡차곡 꾸준히 돈을 넣었지만 수익률은 3.5퍼센트 수준이다. 기간별로 어떤 궤적을 그렸는지 좀 더 자세히 알아보았다. 최초 시점부터 2005년 말까지 1년간 납입한 각 10만 원은 월별로 20~80퍼센트에 이르는 고수익을 뽑냈다. 특히 이 시기에 주가 방어력이 강한 기업들을 편입한 펀드들은 더욱 선방했다. 한국운용의 삼성그룹주 펀드가 대표적이었다. 총 9.5퍼센트의 성적을 냈고 원금은 500만 원으로 불었다.

하지만 주가가 급격한 기울기로 우상향하기 시작한 지난해 봄부터 납입한 각 10만원은 마이너스 성적을 냈다. 금융위기 폭풍이 몰아치면서 투자한 종목들의 주가가 떨어졌으니 당연한 일이다. 다시 말해 적립식 바람이 급격하게 불면서 투자자금이 불어난 2006~2007년에 투자를 한 사람들은 원금을 손해 봤다는 말이다. 예컨대 삼성그룹주 펀드만 해도 2006년 6월에 가입했을 경우 원금 290만원이 256만원 수준으로 떨어졌다.

이에 비해 거치식은 수익률이 짭짤했다. 주가가 쌀 때 한 번에 왕창 사놓았던 효과 때문이다. 디스커버리 펀드는 3년 10개월 동안 86퍼센트 수익률을 올렸고 원금 460만 원을 857만 원으로 불렸다. 신영투신의 마라톤 펀드도 74퍼센트의 성과로 800만 원을 안겨주었다.

이러한 결과만 보면 거치식이 적립식보다 우월하다는 공식이 성립할 수도 있다. 그렇다면 적립식이 최선이라는 선전은 모두 허풍이었다는 얘기인가? 하지만 지난 4년이 이례적인 장이었다는 점을 되새겨야 한다. '거품'이라는 변수가 끼면서 급등과 폭락이 뒤섞였으니 말이다.

이수진 애널리스트는 "적립식 펀드가 효과를 보려면 상승과 하락이 계곡을 형성하는 모습을 보여야 한다"고 말했다. 그래야 펀드가 투자하는 주식의 평균매입단가를 낮추는 '코스트 애버리지cost averaging' 효과가 제대로 발휘된다는 것이다. 그렇다면 주가 변동성이 커지기 시작한 이후의 수익률은 어땠을까? 서브프라임 공포가 고개를 들기 시작한 2007년 7월부터 적립식과 거치식 성적을 각각 내보니 둘 다 손실을 면치 못했지만, 삼성그룹주 펀드는 적립식의 수익률이 -23퍼센트로 -30퍼센트의 수익을 낸 거치식보다 훨씬 선방했다. 디스커버리도 적립식의 수익률이 -30퍼센트로 수익률 -33퍼센트인 거치식을 눌렀다.

중국펀드도 비슷했다. 신한BNP운용의 봉쥬르차이나 펀드에 적립식으로 가입했다고 가정했을 때 수익률이 -42퍼센트로, 적립 원금 160만 원은 91만 원으로 쪼그라들었다. 그러나 거치식으로 투자했다면 87만원으로 손실이 더 컸다. 미래에셋의 차이나솔로몬 펀드도 적립식 수익률이 -45퍼센트로 거치식의 -46퍼센트 수익률보다 조금 나았다.

중요한 것은 앞으로의 시장이다. 당분간 주가 그래프가 우상향으로 쭉쭉 뻗어나가기는 어렵고, 들쭉날쭉 변동성이 더 커지리라는 시각이 대세다. 다시 말해 적립식에 유리한 계절이라는 소리다.★

진정한 고수는 위기에서 빛난다

FOUR

흔히 돈 버는 사람은 따로 있다고들 한다. 그들은 절묘한 비술을 발휘해 척척 돈을 번다. 주가가 껑충껑충 뛸 때는 남들보다 한발 빠르고, 평범한 개미들이 공포에 짓눌려 시장을 허겁지겁 쫓아갈 때는 조용히 기회를 포착한다.

비록 당장은 부자가 아니더라도 미래의 부자를 꿈꾼다면 '부자 DNA'를 만드는 일부터 습성화해야 한다. 물론 손 안 대고 코를 풀 듯 부자 비결을 단숨에 배우는 꼼수는 없다. 하나둘씩 실제 부자들의 강점을 모방하고 체화하는 길뿐이다. 자, 부자들은 과연 어떻게 돈 냄새 맡는 후각을 갈고 닦았을까.

세상을 읽은 섬마을 소년

외환위기 때 1억 원으로 153억 원을 만든 에셋플러스 자산운용의 강방천 회장도 돈 부르는 재주가 있는 대표적인 인물 중 하나다. 그는 가치투자의 달인으로, 실제 가치보다 낮게 거래되는 저평가 주식에 천착한다. 필자는 그를 만날 때마다 감탄을 금치 못한다. 입에서 술술 나오는 투자철학이며 기법에 워낙 탄탄하고 강한 내공이 스며 있기 때문이다.

지금으로부터 20년 전으로 거슬러 가보자. 강 회장은 당시 시가총액에 근거한 투자를 처음 시작했다. 1980년대 후반만 해도 사람들은 단순하게 전광판에 표시된 주가의 수치만 보고 돈을 넣었다 뺐다 했다. 그러나 그는 '발행 주식 수가 적다면 절대 주가가 높아도 실제 주식의 값은 얼마든지 저평가됐을 수 있다'고 생각했다. 즉 시가총액이라는 큰 그림까지 동원해야 주식의 가치를 비로소 제대로 따질 수 있다고 봤다. 지금이야 널리 알려진 개념이지만 당시에만 해도 생소한 아이디어였다. 쌍용투자증권에서 일하고 있던 강 회장은 이런 식의 톡톡 튀는 투자 아이디어를 열심히 개발해서 자기 것으로 소화했다. 당시 그는 주식을 운용해 회사에 수백 억 원을 벌어다준 1등 일꾼이었다.

물론 어려운 시절은 있었다. 1994년 그는 증권사를 나와 투자상담사로 변신했다. 능력에 따라 큰돈을 벌 수 있는 일자리였다. 그러나 주식시장이 침체기를 겪자 그에게도 녹록치 않은 시절이 찾아왔다. 전셋집을 옮겨 다니던 와신상담의 시절이었다.

이때 외환위기가 터졌다. 주가는 물론이고 나라가 무너질 것처럼 사방에서 곡소리가 터져나왔다. 강 회장은 집중했다. 그리고 아수라장 속에서 틈새를 읽었다. "나라가 망하느냐, 안 망하느냐. 살아난다면 어떤 주식에 투자해야 할 것인가."

그는 차곡차곡 여러 변수들을 짚어보고서 한국이 망하지는 않는다는 결론을 내렸다. 그러고는 증권주를 골라서 샀다. 폭락했던 증시가 회복하면 증권주부터 움직일 것으로 봤기 때문이다. 1만 원을 넘던 주가가 600원 수준이었으니 오래 보유하면 큰돈을 벌 수 있다는 자신감이 들었다. 그의 판세 읽기는 적중했다. 전세금까지 빼서 투자한 1억 원은 1년 만에 153억 원이 됐다.

서브프라임 후폭풍이 지구촌 증시를 휩쓰는 요즘에도 그의 '세상 읽기'는 남다르다. 미국 투자은행인 리먼브라더스의 파산으로 각국 주가가 밑 빠진 독처럼 하락하던 2008년 9월에 그는 필자에게 전화를 걸어왔다. 그러고는 대뜸 "안타깝다"고 말했다.

"주주는 이익을 먹고 삽니다. 이익은 제품 수요와 경쟁구도, 원가라는 3대 요소의 지배를 받지요. 그런데 최근에 투자자들은 수요가 줄어들고 원가가 뛸 것만 걱정해 공포에 질려 있어요." 그는 무서울수록 두 눈을 부릅떠야 한다고 강조했다. "경쟁이라는 요인만 봐도 그렇습니다. 이제 금융위기가 해결 가닥을 잡으면 실물로 불이 옮겨 붙으면서 대대적인 구조조정이 시작될 겁니다. 여기서 살아남는 기업, 줄도산 틈바구니에서 빛을 발하는 생존 기업을 찾아야 하지요." 회복까지 얼마나 긴 시간이 걸릴지는 모르지만 아무튼 위기 속에서 기회 요인을 보는 눈을 길러야 한다는 소리였다.

그의 이런 발상은 호기심에서 나온다. 40년 전, 그의 고향인 전남 신안군 암태도에는 라디오가 딱 한 대뿐이었다. 짧은 머리의 섬 소년은 약방에서 흘러나오는 뉴스에 사로잡혔다. 학교가 파하면 약국 앞에 쪼그리고 앉아 뉴스를 듣느라 시간 가는 줄 몰랐다. 집에 오면 벽에 붙인 지도를 보면서 뉴스 속의 공간을 찾아 나섰다. 그렇게 라디오와 지도를 벗 삼아 '대체 왜 여기서 그런 일이 일어났을까?' 하는 생각에 잠기곤 했는데 그때부터 논리적으로 생각하는 습관이 생긴 것 같다고 그는 말한다. 남들이 주목하지 않는 사소한 것에서 변화의 단서를 포착하고 큰 그림을 읽는 자신만의 비법도 알고 보면 간단한 원칙에서 출발한 것이다. 그는 특히 지도에서 많은 것을 배웠다고 한다. 넓은 지역을 묘사한 지도일수록 복잡하지 않은 내용은 생략된다. 복잡한 세상을 단순하게 읽은 힘을 여기서 키웠다는 것이다.

강 회장은 투자와 관련하여 재미있는 일화도 많이 남겼다. 1990년대 중반 인터넷 붐이 불기 시작했을 때 그는 엉뚱하게도 택배 회사를 주목했다. 전자상거래가 보편화되면 상품을 배달하는 기업이 뜰 것이라고 여겼기 때문이다. 이처럼 세상사에 대해 조금만 더 고민하고 생각해봐도 투자의 단초가 보인다는 것이 그의 지론이다. 직장 동료의 권유로 무작정 펀드에 들고서 '운용사가 알아서 잘 굴려주겠지.' 하고 방심했다가는 국물도 못 건진다는 이야기다. 지난 2년간 시장의 극심한 변덕 앞에서 수많은 투자자들은 이 평범한 진리를 온몸으로 겪어야 했다. 투자는 생물과 같아서 철석같이 믿고 방심했다가는 결코 원하는 결과를 얻을 수 없다. 하지만 제아무리 콧대 높은 시장일지라도 강 회장처럼 고민하고, 궁금해하고, 해법을 탐구하는 사람 앞에서는 결국 고개를 숙이고 만다.

어둠을 헤치는 '부자 열차표'

강방천 회장은 2008년 여름에 공모펀드를 내놓았다. 자신의 이름을 건 펀드를 일반 투자자들 앞에 처음으로 선보인 것이다. '리치 투게더' 란 꼬리표가 붙은 세 개의 펀드는 각각 한국과 중국, 글로벌 시장에 투자하는 상품이었다. 사무실에서 만난 강 회장은 이 펀드를 '부자 열차표' 라고 불렀다. "제가 만든 펀드를 통해서 투자자 모두 부자가 되는 축제로 안내하고 싶어요."

그를 만났을 때는 금융위기 불안감이 서서히 고조되면서 지구촌 증시가 몸살을 앓을 때였다. '펀드 출시 시점이 좋지 않은 것 같다' 고 말하자 강 회장은 덤덤하게 대꾸했다. "세상이 많이 바뀌고 있어요. 변화는 두려움과 불안을 잉태합니다. 그러나 주식은 그 악몽을 축제로 돌릴 수 있어요. 사실 주식은 과거 20년간 행복한 경험을 선사하지 않았습니까. 물론 가치 있는 주식일 경우에 한해서요."

그는 속사포 같지만 논리정연한 특유의 말투로 몇 년간 숙성시킨 통찰력을 한 보따리 풀어놓았다. "주가는 가치에서 잉태됩니다. 가치는 이익에서 나오고요. 그런데 이익은 매출을 바탕에 깔고 있습니다. 매출은 소비가 근간이죠. 소비는 투자자들의 지갑에서 파생됩니다. 결국 '지갑을 봐야 한다' 는 결론이 나오지요."

명쾌하지만 원론적인 얘기가 아니냐고 물었다.

"구체적으로 봅시다. 지금 중국과 인도, 러시아, 중동 같은 신흥국에서 30억 명의 새로운 부자 군단이 잉태되고 있어요. 이들은 과거보다 다섯 배 빠른 속도로 부자가 되고 있습니다. 이들의 지갑을 먹고 크는 투자에 눈을 떠야 할 때지요."

그는 소비시장도 물리학처럼 'E=MC²(에너지=질량×속도²)'의 공식을 따른다고 보았다. 그런데 신흥국은 서유럽보다 인구(질량)가 네 배 많고, 성장 속도는 다섯 배 빠르다고 한다. 부자들이 기하급수적으로 늘어날 수 있는 기본 체력을 갖췄다는 소리다. "이런 부자들의 씀씀이를 밑바탕으로 하는 하이엔드 산업이 노른자위로 뜰 겁니다."

여기에서 중국이라는 연결고리가 등장한다. 보통 중국 하면 많은 이들이 '경제 성장'을 얘기한다. 그러나 강 회장은 다른 한 가지를 더 말했다. 바로 '통화 절상'이었다. "중국인들을 부자로 만드는 가장 중요한 매개체예요. 5년 이내에 경제 성장과 더불어 통화가치가 크게 상승할 겁니다. 새롭고 거대한 중국의 부자들이 나온다고 해석할 수 있지요. 이들은 엄청난 기업을 만드는 밑거름이고요."

그는 "늘어난 소득이 소비로 이어질 수 있는 인프라도 이미 구축되고 있다"고 했다. 이를테면 청도와 절강 등지에 요트를 위한 인프라가 깔리고 있고, 루이비통은 2008년 말까지 점포를 열아홉 개에서 스물다섯 개로 늘릴 계획이며, 중국 항공사들은 4년간 해마다 비행기를 135대씩 구입하기로 했다는 것이다.

"신흥국 부자들에게 고급 자동차, 요트, 보석, 예술품 등을 파는 기업에 투자하면 큰 이익을 볼 수 있어요. 조사를 해보니 세계적으로 하이엔드 쪽에 23개 산업이 있더군요. 140개 기업이 각국 증시에 상장돼 있는데 여기서 12개국의 40개 주식에 투자할 예정입니다." 기존의 '럭셔리 펀드'와는 뭐가 다르냐고 물었다. "우리 펀드의 부분집합일 뿐이죠. 단순히 유명 브랜드를 편입하는 것과는 다른 전략입니다." 그는 "와인 혹은 물 산업이 뜬다고 등장하는 가격지향적 펀드는 언젠가 사라질 운명"이라고도 했다.

금융위기로 불황이 닥쳐오는 판국에 이런 시각이 제대로 힘을 발휘할 수 있을까? 혹시 지나친 낙관이나 모험은 아닐까? 하지만 강 회장은 찬바람 부는 시장에 꿋꿋하게 맞서고 있다. 수익률만 보면 그의 펀드는 출시 이후의 급락장에서도 상대적으로 선방하는 모습을 보이고 있다.

강 회장의 펀드가 주목을 받은 것은 그의 명성 덕도 있지만 무엇보다 '직접판매'라는 사상 초유의 실험에 나섰기 때문이다. 은행과 증권사라는 매개체를 통하지 않고 운용사 창구에서 스스로 펀드를 팔겠다는 포부를 내건 것이다. 판매 수수료를 줄이고 투자자와 직접 소통하면서 불완전판매를 최소화하겠다는 의도다.

고객과의 소통에 전념하고자 하는 강 회장의 노력은 지금도 이어지고 있다. 2008년 가을부터는 서울 양재동에 '투자 지혜의 전당'을 만들어 투자 고수들의 강연을 풍성하게 제공하고 있다. "옛날엔 양조장이며 정미소 집 아들이 부자로 살았잖아요. 지금은 달라졌지요. 일반 투자자들에게 부자 되는 축제로 가는 동반자 티켓을 끊어주고 싶어요."

시장을 앞서나가는 1만 명의 부자들

FIVE

필자는 2년간 수차례에 걸쳐서 1만 명의 부자들을 조사했다. 그들이 시기별로 어떤 투자 상품에 눈을 돌리는지, 그리고 포트폴리오는 어떻게 관리하는지를 알아내어 일반 투자자들에게 생생한 감感을 제공하고 싶었다. 1만 명이나 되는 부자들을 다 만날 수는 없는 노릇이었기에 서울과 주요 신도시의 은행 및 증권사 PB들로부터 부자들의 일거수일투족에 대해 이야기를 들었다. 대체로 부자들은 시장의 변화에 앞서 몇 개월씩 일찍 움직이는 선견지명을 보여주었다. 기억해둘 만한 예를 아래에 소개해보겠다.

별은 홀로 빛나지 않는다

서울 강남의 잠실에 사는 김 사장의 별명은 '고성능 안테나'다. 김 사장은 2년 반 전에 동부이촌동에 있는 상가 빌딩을 구입했다. 가격은 30억 원. 그가 입질을 한 뒤로 그 동네에서는 재건축 호재가 솔솔 터져나왔다. 당연히 상가 값도 슬슬 올랐다. 그렇게 하여 그는 1년여 만에 140퍼센트의 수익을 올렸다. 당시 그에게 중요한 조언을 해준 사람은 부동산 대학원에 다니던 어느 PB였다. 김 사장은 투자처를 열심히 물색하다가 PB에게도 도움을 의뢰했고, 그 PB는 평소 구축해놓은 다양한 부동산 인맥을 통해 얻은 상가 정보를 김 사장에게 귀띔해줬다. 정보를 얻기 위해선 발품을 팔아야 한다는 고전적 투자 전술의 힘을 보여준 사례다. 사실 증권 업계에 몸담고 있지 않은 일반인들이 하루 종일 주가 시세판을 들여다보거나 경제 뉴스를 챙기기란 쉽지 않다. 나만의 훌륭한 '재정 집사'가 절실하다는 얘기다.

그런데 사람들에게 이런 이야기를 하면 "누군들 몰라서 못하느냐. 돈 많은 사모님들이나 PB를 이용하는 거지, 서민들에겐 그림의 떡일 뿐"이라고 받아치곤 한다.

하지만 용기를 내면 얼마든지 나만의 재테크 집사를 만들 수 있다. 증권사 지점에 가서 내 펀드를 관리해줄 똑똑한 직원을 하나 소개해달라고 했을 때 거절을 한다면 그 회사는 문을 닫아야 마땅하다. 재테크 비서가 필요한 이유는 혼자 덤벼들다가는 끙끙 앓게 되기 십상이기 때문이다. 실제로 ETF(상장지수펀드), ELS(주가연계증권), ELW(주식워런트증권)처럼 이름만 들어도 복잡한 투자상품들이 부지기수다. 2007년 거품을 등에 업고 우후죽순으로 탄생한 각종 펀드들은 어느새 1만 개를 돌파했다. 도대체 어떤 상품에 가입해야 할지 헷갈릴 수밖에 없다.

밤하늘에 빛나는 별처럼 쏠쏠한 수익을 거두고 싶다면, 그러나 자신이 비전문가로 생각된다면, 일단 투자로 밥을 먹고 사는 전문가들과 친해둘 필요가 있다. 여러 증권사나 은행을 돌아다니며 전문가들을 비교해보고, 공력이 높고 나와 궁합이 잘 맞는 사람을 골라내는 것도 좋은 방법이다.

1년에 두 번 하는 남자

|

'돈 불리기'에 조언을 해줄 청지기를 찾았다면 다음으로 과녁을 정해야 한다. 목표 설정을 하는 것이다. 필자도 펀드를 비롯한 이런저런 상품에 돈을 넣지만 그때마다 절감하는 게 목표 수익률을 세워야 한다는 것이다. 재테크에서 목표를 설정한다는 것은 망망대해에서 항로를 결정하는 것만큼이나 중요하다. 목표한 이익금에 도달하면 더 이상 욕심 부리지 말고 돈을 빼고, 손해액이 미리 설정한 한도까지 이르면 미련 없이 손절매를 해야 한다.

텔레비전 프로그램에 출연해 얼굴을 알린 정복기 삼성증권 PB 연구소장은 〈중앙SUNDAY〉 '머니' 면에 인기 칼럼을 연재했다. 그중에서 가장 반향이 뜨거웠던 글은 서브프라임 공포가 서서히 마각을 드러내던 2007년 9월에 실린 '1년에 두 번 하는 남자' 라는 제목의 기사였다. 왠지 묘한 상상을 불러 일으키는 제목이어서 더 관심을 끌었던듯하다.

정 소장은 10년간 중소기업 김 사장의 자산관리를 도와주었다. 그런데 김 사장은 아주 독특한 투자 원칙을 갖고 있었다. 연평균 20퍼센트를 넘는 그만의 수익률 비결은 과연 무엇이었을까. 바로 1년에 딱 두 번만 주식을 사고파는 것이었다.

김 사장은 주가가 과도하게 떨어질 때 홀연히 나타나 돈을 넣고 20퍼센트라는 목표 수익률만 채워지면 다시 소리 없이 떠났다. 목표를 정해 철칙으로 떠받들고, 낮은 가격에 주식을 사서 높은 가격에 팔며, 일상의 뉴스에 늘 주의를 기울이다가 거기에서 얻은 힌트로 종목을 골랐던 덕분에 김 사장은 언제나 많은 돈을 벌었다.

사실 이렇게 하기란 여간 독하지 않고서는 힘든 일이다. 주가가 한창 오르면 더 뛸 것 같아서 묻어두고, 하락하면 원금이 아까워 시간을 끌며 반등을 기대하는 것이 우리들 대부분의 모습이 아니던가.

필자가 전해들은 중소기업 차 사장의 사례도 김 사장과 비슷했다. 그는 2007년 상반기에 미래에셋의 베트남&차이나 펀드에 3억 원을 넣었다. 그 뒤로 베트남 증시는 쭉쭉 올랐다. 누가 봐도 50퍼센트, 100퍼센트 수익은 너끈할 것 같았다. 그러나 차 사장은 10월 중순, 목표 지점에 도달하자 뒤도 안 돌아보고 환매를 했다. 이후 보름간 베트남 주가는 더 올랐다. 하지만 그는 후회하지 않았다. 50퍼센트도 과분하다며 만족했다. 그리고 11월, 세계 증시는 본격적인 서브프라임에 급락 철퇴를 맞았다. 물론 차 사장은 비바람에 젖지 않았다.

한때 못난이 삼형제 중 하나로 취급받았던 리츠 펀드도 그렇다. 2007년 봄까지 리츠 펀드의 수익률은 쏠쏠했다. 그러나 목표로 설정해둔 과녁이 없어 무작정 '고Go'를 외쳤다가 큰 손실을 입은 거치식 투자자가 많았다.

시장의 변덕스러운 기상도에 부화뇌동하지 않으려면 귀를 막고 나만의 투자 목표, 나만의 목표 수익률을 가지는 것이 첩경이다. 2007년에 장기투자를 모토로 한 10년 투자 펀드를 내놓아 갈채를 받은 한국밸류자산운용의 이채원 부사장은, 변동성 강한 시장에서 중심을 잡는 비결로 '첫 발자국론'을 애기했다. "저도 잘못된 선택을 하면 못 견딥니다. 투자 출발점이 그만큼 중요하지요." 결국 내가 지금 이 돈을 투자하는 이유가 노후를 대비하기 위해서인지, 혹은 아파트 중도금이나 자녀 학자금 때문인지 중장기적 시각으로 확실하게 선을 그은 뒤 자산을 쪼개 투자해야 한다는 것이다. 이런 과정을 거치지 않은 맹목적인 장기투자는 해법이 될 수 없다. 결국 재테크의 '성공 1계명'은 진로와 목적지를 뚜렷하게 박아놓는 일이다.

돈 넣기 전에 묻고 또 물어라.

돈은 행간 뒤에 숨어 있다.

돈은 사람을 타고 돈다.

부 자 고객을 많이 둔 것으로 알려진 하나은행의 김창수 재테크팀장이 필자에게 일러준 '부자 되는 3대 비결'이다. 실상 서점이건 케이블 TV건, 부자 되는 지름길을 알려준다는 정보가 온 세상에 넘치는데도 왜 이렇게 부자 되기가 힘들까?

핵심은 행동에 있기 때문이다. 삼척동자도 아는 법칙이지만 몸에 배어야 돈이 자석처럼 달라붙는다. 늘 불만만 쏟아놓고 행동은 바뀌지 않는 사람들은 결코 성공할 수 없다. 역사가 그걸 증명했고, 시장의 고수들이 입증했으며, 필자도 스스로 투자를 하면서 뼈저리게 절감했다.

김창수 팀장의 말도 비슷하다. 그는 "오랫동안 VIP 고객들을 접하면서 '무늬만 부자'에서 '내공 높은 진짜 부자'까지 많은 사람을 봤다"고 말한다. 그들의 공통적인 DNA는 무엇이었을까. 김 팀장이 요약한 부자 비결은 '탁월한 정보수집 능력, 현실성 있는 자신만의 투자 방안, 기회를 성공으로 현실화시키는 과감한 결정'이었다. 평범하지만 모든 병법은 그 안에 숨어 있다. "인터넷으로 대변되는 정보화 시대에는 온갖 투자 정보가 쏟아지고 후다닥 전파됩니다. 속도가 워낙 번개 같아서 조금만 방심을 하면 투자 시기를 놓치기 일쑤지요. 또 정보가 너무 많아 뭐가 알짜인지 추려내기도 힘들고요."

결국 여기서 '부의 질'이 갈린다. "2000년대 들어 저금리가 부른 돈의 풍년 현상과 쏜살같은 정보의 속도가 맞물려 자산 이전을 부추겼지요. 가격 변동 폭이 커지면서 투자의 위험도 높아졌지만 거꾸로 기회도 늘었어요. 여유분의 종잣돈이 있던 부자들은 이 기회를 놓치지 않고, PB 같은 전문가를 통해 더 확실한 정보와 노하우를 다져나가며 돈을 불려갔습니다."

물론 적절한 시기에 자산을 처분하지 않고 붙들고만 있었다면 이번 위기의 여파로 부자들도 많은 손해를 입었을 것이다. 은행이며 증권사 PB센터를 가보면 이런 하소연을 하는 거액 자산가들도 부지기수다. 하지만 필자가 1만 명의 부자를 조사했을 때도 확인했듯이 '기회 포착'에 있어서 그들이 한발 빠르다는 점은 인정하지 않을 수 없다.

김창수 팀장은 "결국 부자가 되려면 가치 있는 정보를 가려내는 능력을 키우는 게 우선"이라고 강조한다. 그 첩경이란 여러 전문가들에게 자문을 구하고 또 구해서 손해 볼 가능성을 최대한 줄이는 것이다.

김 팀장이 제시한 부자들의 둘째 코드는 '행간을 읽는 능력'이다. 즉 신문이나 미디어를 통해 똑같은 기사를 접하더라도 기사 뒤에 숨겨진 정보를 읽는 힘을 말한다. "정부에서 정책을 발표하거나 어떤 사건이 불거지면 시장이 어떻게 변할지 순식간에 짚어내는 민첩한 부자들을 많이 봤어요." 김 팀장은 작은 일도 무심히 넘겨짚지 않는 습관이 그런 능력을 키워냈다고 설명했다.

부자들의 셋째 표식은 '사람 네트워크'다. 김 팀장은 벤처기업 CEO인 김 씨의 사례를 들려주었다. 김 씨는 외국기업 부장 시절에 분양받은 강남의 주상복합 아파트가 항상 부담스러웠다. 대출을 너무 많이 받았기 때문이었다. 그러나 입주자들의 면면을 본 뒤 그는 아파트를 팔지 않았다. 김 씨는 아파트에서 골프 모임을 만들어 총무로 활동했고, 거액 자산가와 손을 잡고서 창업까지 감행해 코스닥 상장을 성공시켰다. 김 팀장은 "물론 이런 고급 네트워크는 문턱이 높아 가입하는 것이 쉽지는 않다"고 했다. 하지만 자신의 일과 취미를 매개로 한발 한발 얼마든지 네트워크를 넓혀나갈 수 있다.

모든 투자자들은 은행과 증권사의 VIP센터 문을 보란 듯이 열고

들어가길 원한다. 그 목표를 달성하기 위해서는 먼저 삼척동자도
아는 비법을 온전히 내 것으로 쟁취해야 한다.

VIP가 되고 싶다면 목표를 높여라

|

서울 여의도 동쪽의 알리안츠 빌딩. 필자는 2008년 봄 이 건물의
17층을 방문한 적이 있다. 국민은행의 골드&와이즈 PB센터가 있
는 곳이다. 이곳에 출입하려면 금융자산만 30억 원 이상이어야 한
다. 이른바 '울트라 부자'들의 아지트라는 애기다.

총 열 개의 상담실은 맵시 있고 윤기가 반질반질한 가구와 유명
화가의 그림으로 단장되어 있었다. 이날 센터에서는 인근 주상복
합 아파트에 사는 잠재 고객 40여 명을 대상으로 특별행사가 열렸
다. 필자도 슬쩍 옆에서 지켜 보았다. 부자들의 영원한 숙제인 세
금 고민을 덜어주기 위해 세무사가 2008년 세법 개정안을 꼼꼼히
짚어줬고, 프랑스 고가 화장품 회사의 뷰티 강좌도 열렸다. 국민은
행은 '부자 시장'이 더욱 커질 것으로 보고 2007년 여름에 이 센터
의 문을 열었다. 가만히 있어도 알아서 솔깃한 재테크 정보를 일러
주니 부자들이 PB센터를 즐겨 찾는 이유를 알 듯도 하다.

사실 PB의 울타리는 여기서 그치지 않는다. 이들은 말 그대로
집사의 역할을 떠맡는다. 필자는 2008년 초에 외환위기 10년 기획
취재를 하면서 하나은행의 PB팀장 한 명을 심층 인터뷰했다. 그는
"PB는 외환위기 이후 금융권에 확산된 무한경쟁과 성과주의 풍토

를 대변하는 직종"이라고 잘라 말했다. "고객자산을 얼마나 유치했는지 1등부터 꼴등까지 점수가 매겨져요." 그는 전문성을 쌓기 위해 종합재무설계사AFPK, 증권상담사, 국제공인재무설계사CFP 등 자격증만 여섯 개를 땄다. 그런데도 아직 모자라다는 생각에 선물 및 옵션과 관련한 자격증 시험 두 개를 더 준비하는 중이라고 했다. "처음 오는 고객들이 '자격증이 몇 개 있느냐. 무허가 PB에겐 돈을 안 맡긴다' 고 하니 공부를 안 할 수가 없어요."

재미있는 애기는 그 다음부터였다. "한 달에 한 번 정도 고속철도 등을 타고 고객과 여행도 떠납니다." 재산은 많지만 집안일이나 속내를 터놓고 말하기 꺼리는 부자들을 위한 그만의 애프터서비스다. PB의 역할을 넘어 인생 상담사 역할까지 소화하는 셈이다. "고객과 와인바를 찾거나 공연, 미술 전시회를 관람하는 건 기본이에요. 이런 열성을 보여야 부자들이 자연스럽게 투자 애기를 꺼냅니다. 이제는 제 아내도 달라졌습니다. 전에는 주말에도 일하러 나가는 남편을 보며 투정을 부리더니, 지금은 팔을 걷어붙이고 나서서 여성 고객과의 여행에 동반하기도 해요."

현대카드는 2008년 봄, 크리스티 경매에 나오는 고급 와인 시음회를 개최하면서 연회비 100만 원인 '블랙카드' 고객 1,500명에게 초청장을 보냈다. 로버트 파커와 더불어 세계 와인계의 유력인사로 꼽히는 크리스티의 와인 고문 앤서니 핸슨의 강연도 마련했다. 전년도에는 루이비통의 이브카셀 회장, 할리데이비슨 전설을 만든 전 CEO 리처드 티어링크 같은 저명인사와 고객 간의 만남을 주선하기도 했다. 카드 서비스에 더해 '저명인사들과 얼굴을 마주한다’는 만족감까지 파는 것이다.

A증권사는 부자들에게 ‘펀드매니저와의 대화’라는 서비스를 선보여 눈길을 끌었다. ‘VIP 전용 펀드’를 굴리는 매니저들이 직접 고객 앞에 나와 운용성과와 시장전망 등을 설명하는 것이다. 판매 직원도 아니고 펀드매니저가 친히 등장해 소상히 재테크 정보를 제공하니, 고객들의 귀가 솔깃할만하다. 사실 업체들의 이런 VIP 서비스는 끝도 없다. 갈수록 늘어나는 부자들을 잡기 위해 금융회사들이 거의 전쟁에 가까운 마케팅 싸움을 벌이고 있기 때문이다. 시장의 흐름을 눈여겨보고 있다가 거액 자산가들에게만 발 빠르게 상품을 제공하는 경우도 다반사다.

이들이 부럽다면 도전하면 된다. 누구든 VIP가 되지 말란 법은 없다. 경영학 전략에 ‘스트레치 골stretch goal’이란 것이 있다. 자신의 현재 역량을 초과하는 획기적인 목표를 세워야 내부에서 도전하고자 하는 피가 끓어오르고 새로운 발상이 떠올라 결국은 성공하게 된다는 개념이다. 재테크에서도 이런 목표가 필요하다. 지금까지 100만 원 월급 중에서 30만 원씩 투자하고 저축했다면 당장 10만 원을 늘리고, 다음번에 또 10만 원 늘린다는 욕심을 부려야 조금씩 목표에 접근할 수 있다.

돈은 노력, 절약, 인내로 이루어져 있다

서울 시내에 빌딩은 모두 몇 채나 될까. 무려 4만 채에 이른다. 가만히 생각하니 조금 씁쓸하다. 그 많고 많은 빌딩 중에 어째 내 것은 하나도 없을까. 펀드며 예금에 꽁꽁 묻어둔 돈이 10억 원을 넘는 만석꾼 부자들도 2007년 기준으로 10만 명을 넘어섰다. 이들은 대체 어떻게 그렇게 많은 돈을 굴리게 됐을까. 부자들 얘기를 들을 때마다 부럽기도 하고 궁금하기도 하다. 사실 돈이 쌓이는데 싫어할 사람은 없을 것이다. 돈이란 것이 행복의 피라미드 꼭대기에 있지는 않을지언정 중요한 주춧돌인 것은 부인할 수 없다.

한국에서는 2007년에 '부자 학회'가 탄생해 주목을 받았다. 세계적으로도 유례가 없는 일이었다. 학회를 탄생시킨 주인공은 동네 알부자부터 대그룹의 CEO까지 수천 명의 부자를 연구해온 서울여대 경영학과의 한동철 교수였다.

필자는 언론이 관심을 보이기 전부터 한 교수와 일찌감치 인연을 맺었다. 지난 2004년에 서울여대를 찾아가 '부자학 개론'을 강의하던 그를 인터뷰한 것이 출발이었다. 대학 강단에서 부자를 소재로 다룬 교양과목을 개설한 것 자체가 화제였는데 350명 정원의 강의실은 만원이었다. 당시 한 교수의 강의 내용 중 "부자에도 AR이 있고 CR이 있다"는 말이 기억난다. AR은 '절대부자Absolute Rich'의 약자다. 아무 일을 안 해도 10년쯤 먹고 살 수 있을 만큼 재력이 있는 사람들이며, 물론 극소수다. CR은 '완전부자Complete Rich'로 위에서 잠깐 언급한 것처럼 부동산을 제외하고 펀드며 예금 같은 금융자산이 10억 원 이상인 사람들이다. 이 기준은 투자은행 메릴린치가 부자를 분류하는 기준이기도 하다. AR이든 CR이든 어느 한쪽에만 속해도 감지덕지라는 것이 많은 이들의 생각일 것이다. 그러나 한 교수는 당시 "부자에 대한 맹목적인 환상이나 추종, 혹은 배격을 벗어나 부에 대한 진지한 성찰과 함께 부자들과 어울려 살아가는 법을 배우자는 취지로 이 과목을 개설했다"고 말했다.

그가 학회까지 만든다는 소식을 듣자마자 주저 없이 연락을 했다. 마침 펀드 열풍이 불어닥친 시기였기에 그가 만난 부자들의 특성에 대해 묻고 많은 얘기를 나누었다.

한 교수는 갑자기 문패 얘기부터 꺼냈다. "대한민국 대그룹 회장들이 많이 사는 서울 성북동엔 문패가 없어요." 그는 2006년 초에 종암동에서 성북동으로 이사를 했다. 오스트리아 대사관과 A철강회사 회장의 집이 있는 동네였다. 그런데 그들 집에는 다른 곳과 달리 문패가 없었다고 한다. 그는 "부자들은 기본적으로 두려움을 갖고 있다"고 말했다. 돈이 많다고 알려지면 여기저기서 도와달라는 부탁만 쏟아지니 바깥과 어느 정도 거리를 두려 한다는 소리였다.

한 교수는 부자들이 조심스럽기 때문에 '나서는 것'보다는 '듣는 것'을 좋아한다고 했다. 앞에서도 말했지만 안테나를 쫑긋 세우고 많은 정보를 흡수하는 것이야말로 돈을 잘 버는 최고 지름길이다.

물론 부자라고 고민이 없지는 않다. 2007년에는 돈의 흐름이 부동산에서 주식으로 옮겨 간다고 언론과 시장에서 온통 난리법석이었다. 한 교수가 만나던 많은 부자들도 이런 대세에 편승해야 할지 고민했다. 부자들은 여윳돈이 많은 만큼 일반인들보다는 기회 포착이 쉬울 수 있다. 이른바 '베팅력의 법칙'이다. 한 교수는 "여윳돈 1억 원이 있는 부자라면 수천 만 원을 주식에 묻어둘 수 있지만 이런 자금력이 없는 일반인들은 빚을 내서 주식이나 펀드 투자를 했다가 옴팡지게 당할 때가 많다"고 말했다.

이런저런 기교 대신 부자들의 필살기가 무엇인지 알고 싶다고 했더니 한 교수는 주저 없이 "돈의 샘물은 노력 · 절약 · 인내 같은 평범한 덕목이었다"고 답했다. 그는 짠돌이 부자의 사례를 들면서 "집에서 세 명이 일을 본 뒤에야 화장실 물을 내리는 사람도 봤다"고 혀를 내둘렀다. 요식업계에서 칠전팔기의 뚝심으로 성공한 A사장도 마찬가지다. 그는 일곱 번이나 식당을 갈아치웠는데 그중 두 번은 거의 거리에 나앉을 뻔했다. 그러나 6,000원짜리 냉면에 원가 1,000원짜리 육수를 고집할 정도로 장인정신을 추구하고 고객을 떠받든 끝에 이젠 부자 소리를 듣고 있다.

사실 부자의 교훈을 전할 때 위와 같은 사례를 들려주면 "누구나 아는 얘기 아니냐"며 뻔한 말로 치부하는 사람이 많다. 그러나 대부분의 사람들은 '나도 독해져야지.' 하고 마음을 다잡았다가도 어느덧 무심코 옛날 습관으로 회귀할 때가 많다. 부자들은 달랐다. 그들은 정말로 독했다. 한 교수가 부자들을 만나 통계를 내봤더니 돈을 벌게 해준 1등 공신은 바로 '일'이었다는 답이 60퍼센트 정도로 가장 많았다. 그 다음은 절약(25퍼센트), 정보(7퍼센트), 인맥(4퍼센트), 집안(2퍼센트), 결혼(1퍼센트), 행운(1퍼센트) 등의 순이었다. 물론 실제로는 뒷배경이나 운이 좋아서, 혹은 물려받은 재산 덕에 놀고먹는 졸부들도 많다. 그러나 자기만의 일로 승부를 걸어서 부자 반열에 오른 이들도 적지 않다.

그 일이라는 게 꼭 판사나 의사 같은 전문직만 해당하는 것은 아니다. 한 교수는 "알부자들을 만나면서 크게 깨달은 것이 있다"고 귀띔했다. 학벌과 부자는 큰 상관관계가 없다는 것이다. 학벌 사회인 대한민국에서 그게 무슨 소리냐고 할지도 모르겠다. 한 교수는 서울 법대를 나온 부자 이야기를 예로 들었다. "글쎄 사법시험에 세 차례 낙방하고선 사업을 했는데, 가장 큰 걸림돌이 학력이었다고 고백을 하는 겁니다. 남들 앞에서 머리를 못 숙이니 장사가 되겠어요. 그걸 깨닫고선 잘못된 점을 고쳐 결국 성공했지요." 공부를 못해도 부자 되는 길은 수없이 많다는 이야기다. 물론 투자도 그 부자 되는 중요한 길 중 하나다.

나는 부자인가

2003년부터 10억 원이라는 화두가 한국 사회를 휩쓸었다. 부동산과 금융자산을 모두 더해 10억 원 정도는 만들어야 풍족한 노후를 맞을 수 있다는 것이 논지였다.

요즘은 어떨까. 한길리서치의 조사에 따르면 평균적으로 27억 원은 있어야 부자 소리를 듣는다고들 생각한다고 한다. 개중에는 '원하는 일을 할 수 있을 만큼' 든든한 경제력을 가진 사람이어야 부자로 칠 수 있다고 주장하는 사람들도 있다.

미국에는 '백만장자' 개념이 여전히 살아 있다. 투자은행 메릴린치는 컨설팅 회사 캡제미니와 함께 정기적으로 '부자 보고서'를 펴내는데 집을 뺀 금융자산이 100만 달러가 넘으면 부자로 꼽는다. 이 만큼의 재산을 가진 부자들의 숫자는 2007년 기준으로 11만 8,000명이었는데 전년도보다 20퍼센트 늘었다. 그에 비해 한국의 백만장자 숫자는 불과 4년 만에 두 배로 늘었으니 속도가 엄청나게 빠른 셈이다. 하지만 이 기간은 자산 거품이 빠르게 팽창한 시기였고, 지금은 사정이 많이 달라졌을 것이다. 최근 은행과 증권사 PB센터에서는 금융자산이 10억 원 이상인 고객을 고상하게 '고액 순자산 부자(HNW, High Net Worth)'라는 용어도 부르기도 한다. 초고액 부자Ultra HNW들도 있는데 돈이 100억 원 이상인 갑부들이다. 1억 ~10억 원 사이는 일반 부유층Mass Affluent으로 분류하기도 한다.

《이웃집 백만장자》(리드리드출판)라는 베스트셀러를 썼던 미국의 토머스 스탠리 박사는 '기대재산 방정식'이라는 것을 개발했다. 부자를 판별하는 일종의 공식으로 '평균 재산'을 '나이×상속 재산을 뺀 총 연소득 ÷ 10'으로 계산한다. 계산 결과 자신의 재산이 평균 재산의 세 배 이상이면 부자라고 본다. 예컨대 연봉 5,000만 원인 35세 회사원은 '35 × 5,000만 원 ÷ 10 = 1억 7,500만 원'이 해당 연령의 평균 재산이고, 본인의 재산은 그 세 배인 5억 원이 넘어야 부자라는 얘기다.

어떤 기준을 들이대건 이래저래 월급쟁이 봉급으로 저축만 해서는 모으기 힘든 돈이다. 결국 부자가 되고 싶다면 싫든 좋든 '투자'를 벗 삼아 차곡차곡 돈을 불려나가는 수밖에 없다. ★

돈을 벌려거든 나 자신부터 알라

EIGHT

나는 황소인가, 거북이인가

2007년 가을, 은행의 펀드 창구는 밀어닥친 투자자들로 북새통이었고 묻지마 투자가 극성을 부렸다. 그리고 그 결과는 참담했다. 물론 '일단 팔고 보자' 며 나섰던 은행과 증권사들의 탓도 있지만, 기본적으로 투자는 나의 몫이다. 어쨌거나 손실과 이익은 투자자가 모두 떠안아야 한다. 2008년 가을에는 판매사가 상품을 제대로 설명해주지 않아 손해가 커졌다며 투자자들이 '펀드 소송' 을 하는 움직임이 유행처럼 번졌지만 판매사의 잘못을 입증하기가 쉽지 않다.

　　현명한 1급 투자자들은 자신이 황소형 투자자인지, 거북이형 투자자인지를 미리 파악하고 있다. 천성이 공격적이어서 단기 손실은 얼마든지 감내할 수 있는지, 아니면 수익성은 낮아도 예금성 상품으로 천천히 굴리는 것이 속 편할 것인지 애초부터 차분히 따져 봐야 한다. 그래야 손실을 최소화하고 이익을 낼 수 있다.

　　투자성향을 따지는 방법은 여러 가지다. 단순하게는 아래의 점검표를 활용해 나의 투자 DNA를 확인해볼 수 있다.

{ 투자성향 체크 리스트 (보기 뒤의 숫자는 배점임) }

❶ 투자 결정은 어떻게 하는가?
- ☐ 전문가의 도움 없이 스스로 하는 편이다. _7
- ☐ 전문가의 조언 등을 참고로 한다. _3
- ☐ 전문가의 조언에 많이 의존하는 편이다. _1

❷ 주식 투자를 한다면 다음 중 어떤 방법을 선택할 것인가?
- ☐ 단기 위주의 선물옵션을 포함한 공격적인 투자 _24
- ☐ 종합주가지수 상승률 이상의 수익을 위한 적극적인 투자 _12
- ☐ 종합주가지수 상승률 정도를 목표로 하는 비교적 안정적인 투자 _-1
- ☐ 주식 투자는 위험이 크므로 고려하지 않음 _-30

❸ 갑작스럽게 돈이 필요할 경우 투자자금을 어떻게 하겠는가?
- ☐ 현재 투자금 이외에 충분한 여유 자금이 있으므로 투자금에는 손대지 않는다. _8
- ☐ 투자금의 일부를 회수해야 한다. _5
- ☐ 투자금의 대부분을 회수하거나 차입해야 한다. _-2

---

❹ 투자한 주식의 배당금을 수령할 경우 그 배당금을 어떻게 할 것인가?

□ 재투자한다. _7

□ 일부는 재투자하고 일부는 현금 보유한다. _4

□ 전액 현금 보유한다. _0

❺ 주식을 매입할 때 그 주식의 주가가 수백 퍼센트 급등할 수 있다는 가능성을 염두에 두고 투자하는 편인가?

□ 그렇다. _5

□ 간혹 그렇다. _3

□ 그렇지 않다. _0

❻ 주식에 투자해서 30퍼센트의 손해를 보았다면 어떻게 할 것인가?

□ 증액 투자 _24

□ 현상 유지 _18

□ 일부 출금 _1

□ 전액 출금 _–30

❼ 많은 수익을 올릴 가능성이 있는 좋은 기회가 생긴다면 돈을 빌려서라도 투자를 하겠는가?

□ 그렇다. _6

□ 신중히 고려하겠다. _3

□ 그렇지 않다. _0

❽ 추첨을 통하여 1억 원을 한 명에게 주려고 한다. 만약 당신이 최종 다섯 명 중 한 명의 후보로 선택되어 그 권리를 2,000만 원에 팔 수 있다면 어떻게 할 것인가?

□ 당연히 판다. _0

□ 고민해보고 판다. _3

□ 최종 결과를 보겠다. _7

❾ 경마, 포카, 내기 등을 좋아하는가?

　□ 즐겨 한다. _7

　□ 가끔 한다. _4

　□ 거의 하지 않는다. _3

❿ 투자안 A는 무위험 자산에 투자하여 6퍼센트의 수익률을 얻을 수 있다. 다른 B안은 12퍼센트 정도의 수익률을 얻을 수 있으나, 5퍼센트 정도의 원금 손실이 발생할 가능성도 있다. A와 B안을 어떤 비율로 투자하겠는가?

　□ 투자안 A에 10퍼센트, 투자안 B에 90퍼센트 투자한다. _32

　□ 투자안 A에 20퍼센트, 투자안 B에 80퍼센트 투자한다. _27

　□ 투자안 A에 40퍼센트, 투자안 B에 60퍼센트 투자한다. _20

　□ 투자안 A에 60퍼센트, 투자안 B에 40퍼센트 투자한다. _15

　□ 투자안 A에 90퍼센트, 투자안 B에 10퍼센트 투자한다. _0

결과

총점 17점 이하: 안정소득형(이자소득 등 선호)	**18~37점:** 안전투자형(위험 기피형 투자)
38~57점: 표준투자형	**58~77점:** 수익선호형(위험 선호)
78점 이상: 고수익 추구형(공격적 투자형)	

(자료: 삼성증권)

사상체질로 실패를 줄인다

필자는 증권업계를 출입하던 2002년에 우연히 '사상체질과 투자'라는 보고서를 본 뒤 이 분야에 묘한 호기심을 갖게 되었다. 먼저 다음과 같은 사례를 살펴보자.

회사원 박대박 과장은 상한가 사냥꾼으로 코스닥 테마주를 주로 노린다. 상투만 잡다가 쪽박을 차는 투자자도 많지만 그는 부지런히 발품을 팔아 정보를 얻고 뉴스 한 줄도 소홀히 하지 않기에 그동안 제법 쏠쏠한 수익을 거두었다. 적절한 타이밍에 투자했다가 팔았던 전자부품 제조업체 '플래닛82'와 생물학적제재 제조업체 '메디포스트' 주식 같은 것이 대표적이다. 물론 그도 열 번에 세 번 정도는 실패를 한다. 자원개발 유망주로 꼽혔던 '헬리아텍'이 그런 경우였다. 하지만 대박 씨는 7할이면 좋은 성적이라고 자위한다. 물론 장기투자 펀드는 안중에 없다.

대박 과장과 같은 부서에 있는 후배 김 대리는 '펀더멘털족'으로 통한다. 무엇보다 실적을 중요하게 여기고 우량주가 아니면 쳐다보지도 않는다. 지금까지 LG전자 같은 우량주에 돈을 넣어 재미를 보기도 했다. 4년 전에 적립식으로 시작한 국내외 펀드는 최근 금융위기로 수익률이 변변치 않지만 10년 뒤를 보고 한 투자였기에 마음은 흔들리지 않는다.

위의 두 사례는 극단적이다. 비록 가명을 썼지만 필자의 부서에 위와 같은 사람들이 실제로 존재하며, 누구든 주변에서 흔히 찾아볼 수 있는 유형이다.

사실 나는 누구에게나 최적인 전지전능한 투자상품은 없다고 생각한다. 성질 급한 사람에게 펀드 수익률이 반토막났는데 10년을 기다리라고 하면 버럭 화부터 낼 것이 뻔하다. 차곡차곡 노후를 준비하는 이에게 테마주에 손대라고 권해도 마찬가지일 것이다. 결국 내 몸에 어울리는 상품을 고르는 것이 최선이다.

이런 점에서 사상체질은 나름대로 의미가 있다. 사상의학은 19세기에 동무 이제마 선생이 창안한 것으로, 잘 알려진 것처럼 인간의 체질을 오장육부의 차이에 따라 태양인·태음인·소양인·소음인으로 각각 나눈다.

사상체질을 정말로 투자에 응용할 수 있는지, 이 방면의 권위자인 경희대 동서신의학병원 체질개선클리닉의 김달래 교수에게 자문을 구해보았다. 김 교수는 필자의 목소리(묵직하고 부드러운 저음)만 듣고도 "태음인 같다"고 했다. 나중에 다른 특징들을 따져봤는데 정말 태음인 항목이 많았다.

원래 체질을 판별하려면 전문의를 찾아가 이런저런 검사를 받아야 한다. 그러나 체형이나 얼굴 모양, 식습관 등으로도 체질을 짐작할 수 있다. 자신의 체질을 대략적으로 짚어보려면 다음의 진단표를 활용해도 좋다.

태음인

인구의 35퍼센트 정도로 가장 많다. 기본적으로 마부성침磨斧成針의 성격이라 할 수 있다. 도끼를 갈아서 바늘을 만들 만큼 꼼꼼하고 끈기 있다는 소리다. 그래서 옛말에 '태음인 며느리를 맞이하면 집에 재물이 들어온다'는 말까지 있었다. 주식에 직접투자를 하더라도 가치주와 우량주 같은 장기투자를 좋아한다.

6년 전 한양증권 애널리스트로 일하면서 '사상체질과 투자전략'이라는 보고서로 눈길을 끌었던 서형석 메리츠증권 상품운용

혼자서 해보는 체질진단

특성	①	②	③	④
땀	많이 흘리지만 개운하다.	전혀 안 흘린다.	잠잘 때 많이 흘린다.	적게 흘린다.
성격	생각이 많다.	여성적이다.	즉흥적이다.	후회를 안 한다.
물	많이 마신다.	거의 안 마신다.	찬물만 마신다.	늘 물을 달고 산다.
체격	크고 풍채가 좋다.	가냘프고 날씬하다.	마르고 강단 있어 보인다.	머리가 크고 말랐다.
얼굴	둥글고 크다.	갸름하다.	뾰족하고 날카롭다.	눈빛이 살아 있다.
음식	육식만 선호한다.	비린 것을 싫어한다.	밥만 먹는다.	채소만 먹는다.
목소리	탁하고 부드럽다.	약하고 부드럽다.	쉽게 높아진다.	아주 높다.
수면	잠이 많고 잘 잔다.	잘 못 일어난다.	일찍 일어난다.	불규칙하다.
술	아주 잘 마신다.	분위기만 즐긴다.	빨리 취한다.	술버릇이 심하다.
외모	세련됐다.	올망졸망 예쁘다.	촌스럽거나 단정하다.	투박하다.

> 항목별로 체크해 ①번이 많으면 태음인, ②번이 많으면 소음인, ③번이 많으면 소양인, ④번이 많으면 태양인일 가능성 큼. 다만 확률에 근거한 것이므로 정확한 진단은 전문가의 진찰을 받아야 함.

자료: 《김달래 박사가 들려주는 재미있는 체질 이야기》(중앙생활사)

팀 과장은 "태음인은 단기 테마주나 개별주 대신 삼성전자나 포스코 같은 대장주를 바라보는 것이 낫다. 배당투자도 대안"이라고 말했다.

삼성증권 FN아너스 이촌지점의 이선욱 차장도 사상체질론에 관심이 있는 투자전문가다. 그는 연구성과를 토대로 체질과 투자의 관계를 조명한 《투자DNA, 부자 유전자가 20대를 좌우한다》(위즈덤하우스)라는 책을 내기도 했다. 이 차장 역시 태음인에게는 장기적인 관점에서 우량주에 투자하는 것이 어울린다고 설명했다. 예컨대 포트폴리오를 짤 때 가치주 중심의 주식에 40퍼센트를 넣고, 30퍼센트는 주식형 펀드, 나머지 30퍼센트는 예금 등으로 구성하는 것이 좋다는 것이다.

그러나 태음인에게도 약점은 있다. 바로 게으름과 탐욕이다. 김달래 교수는 "본연의 귀차니즘이 발동하면 예금과 적금의 만기를 제대로 관리하지 못하고, 대출금과 이자 갚는 시기를 놓쳐 손해를 자초할 때도 있다"고 말했다. 또 태음인은 돈에 집착하는 경향도 있다. 그러므로 기부금을 통해 욕심을 적절하게 밖으로 분출해야 탈이 없다고 한다.

소양인

직접투자에는 손을 대지 않는 것이 현명하다. 성질이 급하고 귀가 얇아 부화뇌동하기 쉽기 때문이다. 2007년의 거품기에 묻지마 투자에 나섰던 수많은 투자자들이 여기에 해당한다고 볼 수 있다. 소양인은 인구의 30퍼센트가량을 차지한다.

김달래 교수는 본인이 바로 소양인이라고 소개했다. 자기 자신을 아는 그의 투자법은 어떨까. 김 교수는 "증권사에 다니는 친구들의 말을 믿고 직접투자를 8년 정도 해봤지만 결국 재미를 못 보고 펀드로 돌아섰다"고 말했다. 김 교수는 "기어이 직접투자를 하겠다면 목표 수익률을 꼭 정해놓아야 탈출 시기를 놓치지 않는다"는 당부도 덧붙였다.

삼성증권 이선욱 차장도 "소양인은 주식을 장기 보유하지 않는다. 조금만 이익을 봐도 재빨리 팔아 치우는 바람에 상승기에 후회를 한다"고 분석했다. 물론 장점도 있다. 종목을 잘못 선택했을 때는 성격이 급해 손절매에 빠르게 나선다.

대체적으로 소양인은 투자 정보에 민감하고 숫자 개념이 밝다. 따라서 여러 종목을 눈여겨보고 가급적 다양한 주식에 손을 대곤 한다. 포트폴리오를 짠다면 주가지수와 밀접하게 움직이는 정통 주식형 펀드를 40퍼센트 정도의 비중으로 구성해 주력으로 삼되, 20퍼센트 정도는 주가의 오르내림이 적은 대형주로, 그리고 나머지 40퍼센트는 안정적인 예금과 채권으로 구색을 맞추는 것이 적당하다.

소음인

빈틈없는 계산 실력을 자랑한다. 한마디로 제갈공명형이다. 인구의 30퍼센트 가량이 여기에 해당한다. 소음인들은 때로 냉철함이 지나쳐 불안감에 시달리기도 한다. 시장이 휘청거릴 때 냉정한 자세를 유지하기 어려워 손해를 볼 수 있다는 말이다. 상승기에도 마찬가지다. 주가가 슬슬 오르기 시작할 때 머뭇거리다 매수 타이밍을 놓치기 일쑤다.

삼성증권 이선욱 차장은 소음인에 대해서 "주식에 직접 투자하는 대신 예금이나 채권 같은 안전한 상품에 돈을 넣는 게 어울리는 유형"이라고 말했다. 따라서 포트폴리오도 이런 상품군을 중심으로 마련하는 것이 좋다. 구체적으로는 예금과 채권형 상품을 60퍼센트 정도로 가장 많이 선택하고, 주가 출렁임이 적은 선진국 주식형 펀드에 30퍼센트, 삼성전자 같은 간판주에 10퍼센트 정도로 비중을 두는 식이다. 소음인이 투자 실력을 키우려면 반대 체질인 소양인의 장점을 배워야 한다. 순발력과 과감한 투자법을 배양하라는 소리다.

태양인

동물로 따지면 용이나 사자에 해당하는 사람들이다. 공격적이면서도 남자답다. 주변에서 지도자형이라거나 독재자라는 소리를 많이 들으면 이 체질에 속할 가능성이 크다. 투자성향으로 보면 전형적인 위험선호형이다. 전체 인구에서 차지하는 비중은 4퍼센트 정도로 아주 작다.

서형석 메리츠증권 과장은 태양인들이 "포트폴리오를 꼼꼼히 살피는 분산투자보다는 집중투자를 선호하는 경우가 많다"고 분석했다. 김달래 교수의 설명도 비슷하다. "다른 사람들이 외면하는 주식에 손을 대 돈을 벌기도 합니다. 통찰력이 남다르기 때문이지요."

삼성증권 이선욱 차장이 이들에게 추천하는 포트폴리오는 공격적 직접투자 상품인 성장형 주식에 50퍼센트, 신흥시장 위주의 펀드에 30퍼센트, 예금은 가장 적은 20퍼센트 정도이다.

태양인이 주의할 것은 '대박의 환상'이다. 공격적이고 집중적인 투자를 하다보니 한방을 노릴 때가 많고 자칫하다 쪽박을 찰 수도 있기 때문이다. 김달래 교수는 이선욱 차장과 달리 태양인은 감정이 들쭉날쭉할 때가 많기 때문에 직접투자보다는 펀드가 낫다고 조언했다.

{ 보험료 줄이는 데도
사상체질 }

2005년, 한 생명보험사는 사상체질에 따라 선택하는 보험 상품을 선보였다. 12종의 체질진단 항목을 통해 사상체질을 진단해보고 자신에게 맞는 보험에 가입하는 것이다. 예를 들어 태음인은 고혈압, 천식, 궤양성대장염, 비염 같은 질환을 중점 보장하도록 하고, 소양인은 위궤양과 당뇨병, 소음인은 대장염과 위염, 태양인은 관절염과 식도질환 등을 주로 보장하도록 설계했다.

물론 포트폴리오를 짤 때건 보험에 가입할 때건, 사상체질이 모든 사람에게 획일적으로 적용될 수는 없는 노릇이다. 이런 구분법이 안 맞는 투자자들도 얼마든지 있을 수 있다. 그러므로 사상체질을 여러 투자전략 중 하나로 활용하면서 자신의 약점을 보완하는 방법으로 삼는 지혜가 필요하다.★

미래학에서 희망을 엿보다

지금처럼 절실하게 현인賢人이 필요한 때도 없었다. 우리가 진실이라고 철석같이 믿었던 경제와 투자의 패러다임이 삐걱거리고 있기 때문이다. 천금 같은 돈을 투자했다가 물린 투자자들은 더욱 절실한 심정이다. 물론 1920년대 말 대공황과 1997년의 외환위기를 언급하며 이 악물고 버티면 좋은 시절이 온다고 투자자들을 달래는 전문가들도 많다. 그러나 앨런 그린스펀 전 연방준비제도이사회 의장이 말한 것처럼 이번 사태가 100년에 한번 올까 말까한 위기라면 단순한 역사적 고찰만으론 해법을 찾기가 어려울지도 모른다. 무엇보다 자본주의와 금융시장의 통념이 깨지고 새로운 패러다임이 출현한다면 시장에 발을 담근 경제주체들의 사고 자체도 크게 바뀌어야 한다.

그래서 나는 '미래학적 접근법'에 초점을 맞춘다. 활로를 찾아내려면 더 큰 눈으로, 더 높은 곳에서 시장을 조망해야 한다. 마침 증권가의 미래학자로 불리는 홍성국 대우증권 리서치센터장이 생각났다. 그는 이미 수년 전부터 "거품의 시대가 마침표를 찍고, 디플레이션의 시대가 열린다"고 경고했던 인물이다. 마치 타임머신으로 이번 사태를 미리 내다보았던 것처럼 말이다.

거품 후유증과 더불어 우울한 분위기가 시장을 휩쓸던 2008년 12월의 어느 오후, 서울 여의도에 있는 그의 사무실 문을 두드렸다. 필자를 반갑게 맞아주는 홍 센터장의 어깨 뒤로 《글로벌 위기 이후》(이콘)라는 책이 보였다. 그는 전날 막 발간된 책이라면서 "예상했던 후폭풍이 너무 빠르게 진행되고 있다"고 운을 뗐다.

이번 사태로 시장은 얼마나 망가질까. 희망을 기대할 수는 있는 것일까. 미래학에 심취해 7년여 동안 1,000권 넘는 책을 독파한 홍 센터장과 '거품 이후'를 곱씹어보았다.

부채의 바벨탑부터 치유돼야

답을 찾으려면 원인 규명부터 선행돼야 한다. 그래서 "이번 위기의 본질이 무엇이냐"고 먼저 물었다. 대뜸 그는 "이번 사태는 100년에 한 번 오는 위기가 아니다"라고 했다. "금번 금융위기는 인류 최초의 위기입니다." 그의 표정이 심각해졌다. "2007년 여름까지의 거품은 에덴동산에서나 통할 법한 지구적 호황이었어요. 따라서 그 후유증도 유례를 찾기 힘들 수밖에 없습니다."

홍 센터장은 급속도로 진행된 세계화를 호황의 기반으로 꼽았다. 이를 디딤돌 삼아 세계경제가 동시에 콧노래를 불렀고 지난 5년간 인류 전체의 황금기가 도래했다는 분석이었다. 그는 철도며 석유, IT 같은 당대의 기린아들이 주도한 과거의 번영기와 달리 이번엔 모든 산업이 단맛을 누렸다고 했다. 미국은 물론 중국, 아프리카까지 예외가 없었다.

무엇보다 그는 '공급 과잉'을 말하면서 목소리에 힘을 주었다. "신경제는 효율성을 먹고 자라났습니다. 여기에 과학기술까지 급속도로 발전하면서 공급은 기하급수적으로 늘었지요. 그러나 소비는 산술급수적으로 증가했어요. 말하자면 맬더스 이론과 거꾸로 가는 '신新 맬더스' 이론이 현실화된 겁니다." 공급 과잉이 거품으로 이어졌고 결국 가격하락이 초래되는 바람에 부동산이며 주가 하락도 자연스럽게 찾아왔다는 소리다. 여기에 뇌관 노릇을 한 것이 바로 파생상품이었다. 개방과 규제완화라는 신자유주의 기조 아래 마음껏 진화한 파생상품은 거품의 크기를 한껏 키웠다. 홍 센터장이 이미 2004년에 디플레이션이 온다고 외쳤던 까닭도 이 같은 '공급 거품'의 논리 때문이었다. "고물상을 한번 봅시다. 고철 값이 떨어지면서 1킬로그램에 500원하던 것이 이제 10원밖에 못 받아요. 공급과잉으로 창고마다 재고가 쌓이고 물건은 안 팔리니 그럴 수밖에 없지요. 지금 이런 판국입니다."

그러나 5년 전에는 홍 센터장의 예고가 들어맞지 않았다. "2005~2007년까지는 제 예측과 반대로 인플레이션과 자산가격 상승 현상이 나타났습니다. 세계화와 저금리, 달러화 약세가 이를 부추겼어요. 하지만 여기서 파생된 레버리지가 어떤 결말을 낳을 지는 아무도 몰랐죠."

특히 그는 2005년 하반기에 성장률 정체에 직면한 세계경제가 멈추기 힘든 '확장 본능'에 따라 파생상품으로 눈을 돌리면서 돈의 유통이 늘었고, 그 돈이 다시 신흥시장으로 흘러들어 거품을 확대 재생산했다고 꼬집었다. 이 과정에서 핵심고리는 '부채'였다. "경제며 정치·문화의 헤게모니를 단단히 쥐었던 미국인들은 미래에 대한 자신감으로 집과 주식을 사는 데 빚을 쏟아 부었습니다. 특히 21세기 들어 정부 지원과 투기 심리까지 결합해 레버리지 광풍이 불었어요."

신자유주의도 위기를 부른 주연배우 중 하나였다. 그는 미국이 1980년대에 오일 쇼크로 경제에 타격을 입고 고실업·고물가·고금리라는 3고가 닥치자 신자유주의에서 생존의 길을 찾았다고 지적했다. "하지만 쌍둥이(무역·재정) 적자가 고착화하면서 달러화 가치가 떨어졌는데도, 미국은 제조업을 키워 수출을 늘리는 정책을 펼치기보다 금융업을 육성했지요. 이런 선택이 결국 달러 약세와 금융 파생상품 등이 엮인 글로벌 위기를 낳았던 겁니다."

시장의 미래는 사회학 속에

홍성국 센터장은 필자에게 '지축이 흔들렸다'는 표현을 썼다. "23.5도 기울어진 지구의 자전축이 0.5도 정도 뒤틀렸을 때의 충격을 떠올려보세요." 이번 사태가 그만큼 심각하다는 비유다. 그래서 홍 센터장은 "기존의 상식으로 접근하면 대응법이며 전망이 자꾸 빗나갈 수밖에 없다"고 말한다. 사실 그는 2000년 초반까지 여느 투자전략가들처럼 '강세론자'로 통했다. 그러나 숱한 미래학 서적을 읽으면서 전과는 다른 개념이 머릿속에 자리잡기 시작했다.

필자가 방문했을 때 2평 남짓한 홍 센터장의 방은 벽 한쪽이 아예 책장이었다. 흘깃 보니 '비전', '인구대사전' 등 미래학의 냄새가 풍기는 제목이 많았다. 사실 증권가 투자전략가와 미래학자는 담론 수준이 다를 뿐 앞일을 논한다는 점에서 닮은꼴이다. 홍 센터장은 이매뉴얼 월러스틴의 《이행의 시대》(창비)를 비롯해 제레미 리프킨, 데이비드 하비 같은 사상가들에게서 시장의 변화 방향을 읽는 데 많은 도움을 얻었다고 말했다. 엉뚱하게도 사회학과 철학의 틀을 빌릴 때 주가가 더 선명하게 보이더라는 이야기다. 시장의 구조라는 것이 결국 변화무쌍한 사람 행위 및 사회와 제도의 산물임을 생각하면 타당한 논리다.

홍 센터장은 중국 펀드를 예로 들었다. "중국 펀드를 봅시다. 산업구조 전환이며 노동 문제, 농촌 문제, 실업률 같이 우울한 징표들이 늘고 있어요. 그런데 전문가들은 중국 펀드가 반토막 날 때까지 반복했던 낙관론을 아직도 멈추지 않고 있습니다." 결국 거품의 후퇴라는 역사적 변곡점 앞에서는 경제와 사회, 이데올로기의 구조적 변화를 들여다봐야 주가 전망의 실마리가 풀릴 것이다.

희망의 링거를 꽂아라

홍 센터장의 말처럼 이번 사태가 '지구적 위기'라면 결국 노아의 방주처럼 극단적 처방이 필요한 것일까. 신뢰를 복원하는 지름길로 홍 센터장은 몇 가지 조건을 제시했다.

첫째는 '자각'이다. 그는 "제도권과 엘리트 그룹이 이번 사태를 통상적 금융위기 정도로 얕보는 경향이 있는데, 극단적 실물경제 침체는 물론 정치·사회·문화 등 시스템 변화가 이어질 것"이라고 강조했다. 희망의 단초를 읽으려면 먼저 정부와 전문가, 투자자가 이번 사태의 심각성을 제대로 인식하는 작업부터 선행돼야 한다.

둘째는 '모럴해저드의 방지'다. "구조조정 과정에서 금융위기가 사회로 파급될 겁니다. 그런데 정부 지원을 받은 기업들에게서 도덕적 해이가 일어나면 결국 리더십 부실로 이어져 더 큰 파국을 초래할 거예요." 이 대목에서 그는 한국으로 얘기를 좁혀 들어갔다. "한국은 고유한 리스크가 있어요. 중소기업과 건설사, 자영업자의 위기도 그중 하나입니다." 이들부터 링거주사를 놓아야 한다는 말이다. 예컨대 지방 미분양을 봉합하지 않으면 금융사의 신뢰가 저하되고, 이어서 신용경색 심화, 예금자 불안, 금리 인상이 차례로 일어나 결국 자영업자와 가계가 위기를 맞는 악순환이 벌어지게 된다. 하지만 이런 최악의 시나리오를 잘 파악하고 적절하게 수술하면 회복을 기대할 수도 있다.

홍 센터장이 내세우는 가장 중요한 것은 새로운 수요를 창출할 투자였다. "세금 깎아주고, 상품권 나눠주고…. 이런 미봉책으로는 위기의 불을 끄는 데 부족합니다." 그는 '녹색 성장'을 하나의 대안으로 꼽았다. 이는 한국과 미국이 모두 화두로 삼는 산업이다. 'Green is green'이라는 말이 있듯이 무궁무진한 초록색 환경산업이 녹색 달러를 만들고 경제체질도 바꿀 수 있다. "외환위기 때도 정보기술 산업이 출현하지 않았다면 경제회복 속도가 훨씬 더뎠을 겁니다. 특히 지금은 고령화에 대비한 투자가 시급한 때예요. 2016년부터 인구가 슬슬 줄기 시작할 텐데 이에 대비한 산업구조 재편의 계기도 함께 고민할 기회입니다."

다만 홍 센터장은 한 방향 수요 창출은 안 된다고 지적했다. 일본을 예로 들면, 1990년대의 불황기에 일본은 사회간접자본 위주로 엄청나게 투자를 했지만 오히려 과잉 현상이 일어나 시장에 짐만 됐다는 것이다. 이런 전철을 밟지 않으려면 여러 곳에 분산하는 이른바 '롱테일 투자'가 중요하다.

홍 센터장의 말을 요약하면 병의 증상을 제대로 자각하고 치유를 병행하면서 근본적 체질을 바꾸면 오히려 악몽이 새로운 기회로 탈바꿈할 수 있다는 것이다. 말로는 쉽지만 결코 만만치 않은 작업이다. 그러나 이야말로 대한민국 투자자들이 앞으로 두 눈 부릅뜨고 주목할 변수들이다.

우리는 이제 막 깊고 깊은 터널에 들어섰다. 이 글을 쓰는 사이에도 마이너스 경제성장이며 암울한 기업 실적이 벌써 투자판을 뒤흔들고 있다. 터널 안의 1차선 도로에는 마주 오는 열차가 달리고 있을지도 모른다. 어두운 터널 안을 밝혀 파국을 막으려면 한 줄기 빛이 필요하다.

이 책에 소개된 생존 해법이 투자자들에게 소중한 빛이자 행동 지침이 된다면 더 바랄 게 없을 것이다.